審査員が秘訣を教える!

"改訂 ISO 14001"
[環境マネジメントシステム]
対応・導入マニュアル

一般社団法人　日本能率協会　審査登録センター [編著]

日刊工業新聞社

はじめに

　ISO14000シリーズは1992年の地球サミットをきっかけとして規格の制定作業が始まり、1996年にISO14001が発行されました。

　この規格のユーザーを見ると、製造業に関わらず、サービス業などありとあらゆる組織に利用されています。

　これだけこの規格が普及してきた要因としては、地球サミットに見られるように、世界中で地球環境保護の必要性が高まったことは言うまでもなく、ISO14001がユーザーにとって非常にわかりやすく、利用しやすい規格であることも、あげられると感じます。

　普及の広がりが逆に、認証取得そのものが特別なことではない、当初「価値」と思われていたことが価値ではなくなってきています。

　そのような中、2015年版の改訂をむかえたわけですが、この改訂は組織外から評価される「価値」から、組織内外で評価が持続する「価値」へと軸足を移しているようにも思えます。

　組織が本当に取り組まないといけないことは何なのか、アウトプットとしてのパフォーマンスを重視する本来あるべき規格になっています。

　一般社団法人日本能率協会　審査登録センター（略称：JMAQA）は1994年の設立以来20年以上の審査経験を有しますが、設立当初より経営と環境マネジメントシステムの融合を組織に求めてきました。

　この経験において、今回改訂された規格が云わんとしていることは何なのかを、JMAQA内で議論し続けてきました。

　本書もそうした視点から企画、執筆しました。

　ISO14001の認証取得、規格移行のみならず、組織の環境パフォーマンス向上を目指す方々にぜひご一読いただきたく存じます。

　　　　　　　　　　　筆者代表　　一般社団法人日本能率協会
　　　　　　　　　　　　　　　　審査登録センター　センター長
　　　　　　　　　　　　　　　　　　　　　安井　亮一

本書の利用法

　本書は 2015 年 9 月に改訂版が発行された ISO14001 を正しく理解し、組織の事業プロセスと融合した環境マネジメントシステム（以下 EMS と表記）を構築・運用していくことを主目的に、認証機関、審査員サイドから書いたものである。

　読者として、次の組織（企業、団体、自治体など）の管理責任者、事務局を中心に想定している。

・これから EMS を構築し、認証を取得しようとしている組織
・2004 年版から、2015 年版へと規格移行を進めている組織
・組織の「経営」マネジメントシステムを、2015 年版を利用してブラッシュアップしようとしている組織

　また、そうした組織を指導するコンサルタント、研修講師の方々にも、認証機関、審査員が規格をどう理解し、審査を実施しているのかをご理解いただき、指導に当たり、本書を活用いただければ幸いである。

　このような目的から、本書は 4 章から構成している。

　第 1 章は、「EMS 認証を取り巻く環境」について記している。

　既に日本国内では成熟期に入ったとされる EMS 認証の現状を様々な角度から考察し、これから目指すべき EMS のあり方を検証する。

　第 2 章は 2015 年 9 月 15 日に発行された ISO 14001：2015 の「変更内容の概要」である。

　今後新しく開発される ISO マネジメントシステム規格を含め、現在、利用されている ISO マネジメントシステム規格（ISO9001、ISO27001 など）も同じ章立てで構成されるルールとなっている。

　HLS（ハイレベルストラクチャー）や MSS 共通テキスト、共通 MSS（マネジメントシステムスタンダード）と呼ばれる構成である。

　ISO14001：2015 を理解するためには、MSS 共通テキストの理解は避けては通れないので、本章ではできるだけ平易に MSS 共通テキストについても解説する。

　第 3 章は、「JISQ 14001：2015 要求事項と規格解釈」である。

はじめに

　本書のメインであり、JISQ 14001：2015の規格解釈と留意点、更に認証機関、審査員からみた運用のポイントについてまとめている。

　規格項番順に解説を進めており、構成としては、まず、枠囲みに要求事項を記し、それに対し「解釈と注意する点」を解説する。

　そして、「審査員が教える運用のポイント」についてまとめている。

　第三者認証の取得を目的とせず、この規格を利用して組織のマネジメントシステムを構築、あるいは改良、強化することを目的とする組織は、本章を中心に読み解けばよいだろう。

　第4章では、「規格移行へ向けての準備」「効果的な内部監査や教育訓練のあり方」「統合マネジメントシステムの構築ポイント」「ISO14001が求めるリスクの決定と対応」を取りまとめた。

　実際に、この規格を組織内で運用するに当たって、管理責任者や事務局などの直接的当事者が聞いてみたい内容、直面する課題などを、認証機関として得た情報や知識をもとに、組織のEMSがより有効的なものとなるようなヒントを盛り込んだ。

　最後になるが、本書の活用が、認証取得や規格移行に貢献するだけでなく、組織のマネジメントシステムが有効に機能し、環境パフォーマンスの向上、強化につながることが、筆者一同の望みである。

【凡例】
本書の第3章における枠囲みは、原則、JISQ14001：2015の文章をそのまま記載する（JISQ14001：2015規格は、2015年に第3版として発行されたISO14001を基に、技術的内容及び構成を変更することなく作成された日本工業規格）。

第1章
EMS認証を取り巻く環境　7
　1　成熟期に入ったEMS認証　8
　2　ISO14001による戦略的経営　9

第2章
ISO14001：2015 変更内容の概要　13
　1　MSS共通テキストの適用　14
　2　MSS共通テキストの特徴　15
　3　ISO14001：2015の特徴　17

第3章
JISQ14001：2015 要求事項と規格解釈　23
　1　適用範囲　24
　2　引用規格　26
　3　用語及び定義　27
　4　組織の状況　31
　5　リーダーシップ　39
　6　計画　45
　7　支援　62
　8　運用　74
　9　パフォーマンス評価　81
　10　改善　92

第4章

ISO14001：2015を活用した環境マネジメントシステムの運用 99

- 1 規格移行へ向けての準備　100
- 2 効果的な内部監査のあり方　106
- 3 効果的な教育・訓練のあり方　119
- 4 統合マネジメントシステムの構築のポイント　125
- 5 ISO14001が求めるリスクの決定と対応　156

第1章

EMS認証を取り巻く環境

1 成熟期に入ったEMS認証

　1996年に初版が発行されたISO14001は、定期的に規格を見直すというISOのルールに基づき2004年に改訂され、この度2015年9月15日に今後20年を見据えた形で新たな改訂が行われた。

　ISO Survey2014によれば世界の認証件数は32万件を超え、日本では、2万3700件を超えている。

〈図表1-1　日本のISO14001の認証登録数の変遷〉

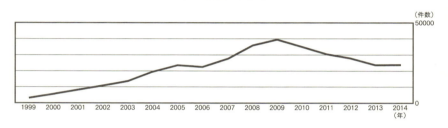

　平成27年版環境白書によれば、「気候変動に関する国際連合枠組条約は、地球温暖化防止のための国際的な枠組みであり、究極的な目的として、温室効果ガスの大気中濃度を自然の生態系や人類に危険な悪影響を及ぼさない水準で安定化させることを掲げている。この目的の実現のためには、2050年（平成62年）までに温室効果ガスを半減させることが1つの中期的な道標と言える。」と示されている。

　この目的を達成するために環境基本法の下、企業活動における環境影響を低減させる活動を推進・維持することで企業の社会的責任を果たすことが望まれている。そのツールの一つとしてEMSが世界中で活用されており、今後20年はISO14001：2015の形で効果的な運用が期待されている。

2 ISO14001による戦略的経営

①環境配慮設計

　影響力の大きい環境配慮といえば、製品設計におけるエネルギー効率の向上や、地球環境への配慮など法規制として設定されている規制値をクリアすることも、消費者や株主を含む利害関係者のニーズであり、企業に対する期待である。そういった期待を大きく裏切り、リコールによる多大なエネルギーのロスや、製品の交換などによる無駄な資源や労力の消費につながる事件「ディーゼル車の排気ガス規制に関する不正」が2015年秋にある自動車メーカーで発覚した。

　事業上の原因はいくつかあるだろうが、結果として規制に適合しない製品を大量に市場に送り込み、消費者の期待を裏切り、環境影響の低減方向に悪影響を及ぼすこととなった。

　こういった状況は、トップマネジメントの環境に対するコミットメントがなされ、きちんとした設計・製造を管理していれば、起きなかったかも知れない。

　やはり社会貢献することを目的とする企業であるならば、まず順法の下、顧客満足を得て、適正に利益を得て、従業員や従業員の家族、株主を幸せにするため、事業を継続させることに努めることが必須である。

　その上でライフサイクルを考慮した環境配慮設計が重要である。環境配慮には製品設計はもちろん生産ラインのプロセス設計や通常の業務プロセスを考える際の環境配慮もあるだろう。業務効率を上げるプロセスへの見直しも環境配慮と言える。

②EMSにおける順法

　順法で言えば、2015年4月より「フロン類の使用の合理化及び管理の適正化に関する法律（フロン排出抑制法）」が施行され、オゾン層の保護のためフロン類の管理が強化された。大まかにいえば、製造メーカーや回収業者のみならず、所定のエアコンや冷凍機等を所有している企業は点検な

ど維持・管理をする義務が発生する。このことを企業として知っているか知らないかでその方向性は変わり、知らなければコンプライアンスの問題となるだけでなく、管理・報告義務など怠れば罰金など処罰の対象となる。知っていても速やかに取組みを開始しないと、法規制要求事項の順守ができない。このように、変化する社会の要求事項をキャッチし、順法の下で企業利益を追求し、かつ社会貢献をするというのは、形だけのEMSの取組みでは実現できない。事業に密着したEMSを運用する必要がある。

③環境影響評価について

　EMSを構築するに当たり、環境影響評価の方法としてプロセスの分析をしてインプット、アウトプットの環境側面を特定し、その量を計り、法律との兼ね合いによりスコアリングして著しい環境側面を特定する。この一連の検討の結果、紙の消費量を減らそう、電力消費量を減らそう、ゴミの廃棄量を減らそうという、いわゆる「紙・ごみ・電気」の低減活動に取組み目標が集約されることが多い。この場合、短期間に2割削減、3割削減、半減といった目標に到達し、以後、維持活動となり、今後どのように進めたらよいかとEMS活動に悩む声をよく聞く。このような場合に、お答えするのは、本来、社会貢献するということは、事業を末永く継続し、環境影響の低減につながる活動を続けることが必要だということである。そのためには、本来の事業活動を維持あるいは伸ばさなければならない。そのために何をするかを考えた時に、自社の環境配慮した製品・サービスをより広く社会に利用してもらうことで、利益を得て、また、更なる新規開発をして継続的な貢献につながるように運用する必要がある。そのためには、究極的目標として、売上、利益につながる改善活動や、クレーム低減、品質向上、コストの見直しなど企業活動の根幹として必要な課題、目標に着目する必要がある。ツールとしてはEMSであるが、その中で、自社に必要な環境配慮とは何かを今一度考え、内部・外部の課題、顧客、株主、従業員など利害関係者のニーズや期待を考慮し、何をするべきか。この2015年版規格とともに考えるのは非常に重要な機会であると言える。

　また、2015年版では、ライフサイクルの視点が追加された。事細かくラ

イフサイクルにおける環境影響評価をすることは求められていないが、原材料、製造・サービスの提供から、廃棄、リサイクルに至る過程を考慮して自組織の活動範囲で何ができるかを考える必要がある。

④環境パフォーマンスの重視

　これまで、ISO14001は、環境パフォーマンスは取り上げていたが、その基準については規格の中で言及していなかった。今回の2015年版は、箇条9において、「環境パフォーマンスを監視し、測定し、分析し、評価しなければならない。」として、監視測定対象、監視測定、分析、評価の方法の決定、パフォーマンス基準及び適切な指標の決定、監視・測定の時期、分析・評価の時期を決めることが要求されている。また、環境パフォーマンス及びEMSの有効性の評価も実施することとなり、システムのパフォーマンス向上から、環境パフォーマンスの改善にシフトされている。

　新しいEMSの構造の概要については、第2章で述べる。

第2章

ISO14001:2015
変更内容の概要

１ MSS共通テキストの適用

ISO9001（品質マネジメントシステム）、ISO14001（環境マネジメントシステム）をはじめとして、マネジメントシステムに関するISO規格が数多く開発されている。これらは総称してMSS（Management System Standard：マネジメントシステム規格）と呼ばれる。これらMSSに関して、産業界からは整合性を高める要望が強く出されてきた。

MSS共通テキストとは、MSSに共通する要求事項であり、2012年5月ISO（国際標準化機構）より発行された「ISO/IEC専門業務用指針　第1部　統合版ISO補足指針 – ISO専用手順」の「附属書SL（Annex SL）」に含まれている。また、2012年2月のISO/TMB会議において、「今後制定/改正される全てのISOマネジメントシステム規格（MSS）は、原則としてMSS共通テキストに従うこと。」が決議されている。

今回、改訂されたISO9001（品質マネジメントシステム）、ISO14001（環境マネジメントシステム）などのMSSは、MSS共通テキストをベースに、各MS独自の要求事項を付加する形で開発された。MSS共通テキストの構成は下記のとおりである。

```
序文                                    7    支援
1    適用範囲                           7.1    資源
2    引用規格                           7.2    力量
3    用語及び定義                       7.3    認識
4    組織の状況                         7.4    コミュニケーション
4.1    組織及びその状況の理解            7.5    文書化された情報
4.2    利害関係者のニーズ及び期待の理解  7.5.1    一般
4.3    XXXマネジメントシステムの適用    7.5.2    作成及び更新
       範囲の決定                       7.5.3    文書化された情報の管理
4.4    XXXマネジメントシステム          8    運用
5    リーダシップ                       8.1    運用の計画及び管理
5.1    リーダシップ及びコミットメント   9    パフォーマンス評価
5.2    方針                             9.1    監視、測定、分析及び評価
5.3    組織の役割、責任及び権限         9.2    内部監査
6    計画                               9.3    マネジメントレビュー
6.1    リスク及び機会への取り組み       10    改善
6.2    XXX目的及びそれを達成するための  10.1    不適合及び是正処置
       計画策定                         10.2    継続的改善
```

2 MSS共通テキストの特徴

(1) PDCAサイクルの明確化

　MSS共通テキストは、図に示すようにPDCAサイクルが明確になっている。品質マネジメントシステム（QMS）や労働安全衛生マネジメントシステム（OHSMS）など複数のマネジメントシステムを統合して運用している組織は、今後増加することが予想される。統合マネジメントシステムを効率的に運用するには、各マネジメントシステムのPDCAサイクルを同期化することが効果的である。今後、制定/改訂されるMSSは全て同一の構造をもつため、マネジメントシステムの統合は進めやすくなると言える。

〈図表2-1　MSS共通テキストの構造〉

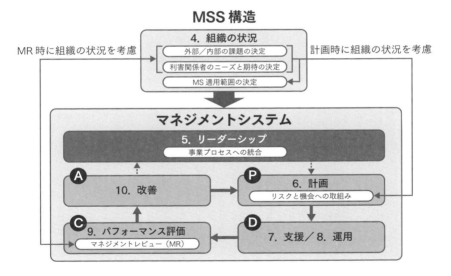

(2) MS要求事項を組織の事業プロセスへ統合

　MSS共通テキストでは、「4.組織の状況」において、XXXマネジメントシステムの意図した成果を達成する能力に影響を与える「課題」を決定することが求められている。また、XXXマネジメントシステムに関連する

利害関係者及びその要求事項を決定することも求められており、これらの課題及び要求事項を考慮した「マネジメントシステムの計画」を策定することが求められている。

これは、事業運営で生じている課題や、利害関係者からの要求事項に対応するというMSS本来の目的を反映したものといえる。まさに「現実の経営に役立つ」という点が強調された結果である。

「事業運営上の課題や利害関係者の要求事項」は、固定化されたものではなく変化することが想定される。これらの課題や要求事項はMS構築時に決定されるが、その後はマネジメントレビューなどで見直し、それをマネジメントシステムに反映することが求められている。マネジメントシステムは継続的な運用により、ともすれば形骸化が懸念されるが、このように変化する要素を取り込むことによって形骸化防止が期待できる。

(3) リスクに基づく考え方の導入

MSS共通テキストでは、「6.1リスク及び機会への取組み」において、リスクに基づく考え方（Risk Based Thinking）が導入されている。「リスク」とは、「不確かさの影響」と定義されており、注記に「影響とは、期待されていることから、好ましい方向又は好ましくない方向に乖離することをいう。」とされている。

現実の事業運営は様々な「不確かさ」の要素に囲まれている。例えば為替変動という「不確かさ」があるが、組織にとっては「好ましい方向」に影響する場合と「好ましくない方向」に影響する場合が想定される。

多くのMSSでは、「不確かさ」への対応として「予防処置」があったが、うまく運用されていない側面があった。MSS共通テキストでは、「リスク及び機会」をマネジメントシステムの構築・見直し時に取り込むことによって、「不確かさ」への対応を強化することを目指していると言える。

③ ISO14001：2015の特徴

（1）規格の構造について

　ISO14001：2015の規格には、図表2-2のような構造が示されている。EMSの適用範囲において、環境影響評価により著しい環境側面を特定して計画を立案し、運用管理、監視・評価を経て改善活動を行う流れは、これまでと大きな変更はない。そのEMSの構造を考える上で、組織の状況として内外の課題を認識すること、並びに顧客のニーズや期待（法令順守を含む）を考慮してマネジメントシステムを計画（P）し、運用（D）して、パフォーマンス評価（C）により、改善活動（A）を推進するPDCAを回すことがシステムの構造となっている。

〈図表2-2　14001の構造〉

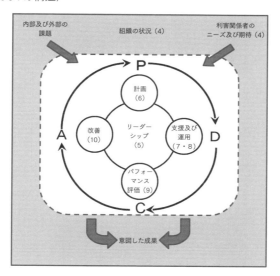

（2）ISO14001：2015における「リスクに基づく考え方」について

　ISO14001：2015では、「リスクに基づく考え方」が導入されていると説明しているが、リスクアセスメント手法の導入を規格が求めているわけで

はない。もちろん、企業活動として、環境リスクをリスクアセスメント手法を用いて洗い出し、管理策を選定してリスク管理していくという方法を選ぶことは自由である。また、同様に著しい環境側面を決定する手順も、規格では、特定の環境影響評価方法を推奨するわけではなく、会議体で決めるなど、組織のレベルに応じて評価方法の選択肢は広い。

　EMSにおける「リスクに基づく考え方」は、組織の内部・外部の課題や、利害関係者のニーズを考慮し、適用範囲を決めて実行していく中で、マネジメントシステムの計画を立てる際に取り組むべきリスクを決定し、リスクに取り組む方法を決め、事業と一体化した中で管理していくということである。つまり、このマネジメントシステムの意図した結果を達成するために望ましい状況を増大させる、あるいは、望ましくない状況を低減するために障害となる"起きて欲しくないこと"を想定し、それらを保持、低減、回避、除去するなどの選択肢を検討し、管理していくこととなる。管理の方法は、環境目標の中で管理する方法もあるし、教育訓練で達成する、あるいは、監視項目として管理していく、あるいは、運用手順で未然に防ぐなど取組みの方法は多岐にわたる。まさに事業と一体化した中で取り組まれるものとなっている。

　リスク及び機会の一例を、JISQ14001：2015の付属書A6.1.1では以下のように示している。
－労働者間の識字又は言葉の壁によって現地の業務手順を理解できないことによる、環境への流出
－組織の構内に影響を与え得る、気候変動による洪水の増加
－経済的制約による、有効な環境マネジメントシステムを維持するための利用可能な資源の欠如
－大気の質を改善し得る、政府の助成を利用した新しい技術の導入
－排出管理設備を運用する組織の能力に影響を与え得る、干ばつ期における水不足

(3) EMSのパフォーマンス評価
　MSS共通テキストの導入によって、ISOのシステム規格は次のように、

より『目的達成型』の規格となった。
①組織自らがシステム導入の課題や利害関係者のニーズを明確にし、
②マネジメントシステムの目的を明らかにする
③目的を実現するにあたってのリスクを捉えた上で、
④目的を実現する、リスクの顕在化の未然防止をはかるシステムを確立する

　これらの『目的』を実現しているかどうかについて、MSS共通テキストでは『パフォーマンス評価』という項番が設定されている。単にルールをつくって（plan）運用（do）していればよい、ということではなく、その結果として『パフォーマンス』が向上しているかを明確な指標に基づいて確認（check）し、思うような成果があがっていなければシステム改善（act）に取り組む、といったマネジメントシステムのPDCAが機能しているかが重要な視点となった。

　ぜひ、この2015年版を活用して、事業活動を活性化していただきたい。

〈ISO 14001規格の新旧対照表〉

2015年版	2004年版
4　組織の状況	
4.1　組織及びその状況の理解	
4.2　利害関係者のニーズ及び期待の理解	
4.3　環境マネジメントシステムの適用範囲の決定	4.1　一般要求事項
4.4　環境マネジメントシステム	4.1　一般要求事項
5　リーダーシップ	
5.1　リーダーシップ及びコミットメント	
5.2　環境方針	4.2　環境方針
5.3　組織の役割、責任及び権限	4.4.1　資源、役割、責任及び権限
6　計画	4.3　計画
6.1　リスク及び機会への取組み	
6.1.1　一般	
6.1.2　環境側面	4.3.1　環境側面

2015年版	2004年版
6.1.3　順守義務	4.3.2　法的及びその他の要求事項
6.1.4　取組みの計画策定	
6.2　環境目標及びそれを達成するための計画策定	4.3.3　目的、目標及び実施計画
6.2.1　環境目標	4.3.3　目的、目標及び実施計画
6.2.2　環境目標を達成するための取組みの計画策定	4.3.3　目的、目標及び実施計画
7　支援	4.4　実施及び運用
7.1　資源	4.4.1　資源、役割、責任及び権限
7.2　力量	4.4.2　力量、教育・訓練及び自覚
7.3　認識	4.4.2　力量、教育・訓練及び自覚
7.4　コミュニケーション	4.4.3　コミュニケーション
7.4.1　一般	4.4.3　コミュニケーション
7.4.2　内部コミュニケーション	
7.4.3　外部コミュニケーション	
7.5　文書化した情報	4.4.4　文書類
7.5.1　一般	4.4.4　文書類
7.5.2　作成及び更新	4.4.5　文書管理 4.5.4　記録の管理
7.5.3　文書化した情報の管理	4.4.5　文書管理 4.5.4　記録の管理
8　運用	4.4　実施及び運用
8.1　運用の計画及び管理	4.4.6　運用管理
8.2　緊急事態への準備及び対応	4.4.7　緊急事態への準備及び対応
9　パフォーマンス評価	4.5　点検
9.1　監視、測定、分析及び評価	4.5.1　監視及び測定
9.1.1　一般	4.5.1　監視及び測定
9.1.2　順守評価	4.5.2　順守評価
9.2　内部監査	4.5.5　内部監査
9.2.1　一般	4.5.5　内部監査
9.2.2　内部監査プログラム	4.5.5　内部監査
9.3　マネジメントレビュー	4.6　マネジメントレビュー
10　改善	

2015年版	2004年版
10.1　一般	
10.2　不適合及び是正処置	4.5.3　不適合並びに是正処置及び予防処置
10.3　継続的改善	

第3章

JISQ14001:2015
要求事項と規格解釈

1 適用範囲

1．適用範囲

　この規格は、組織が環境パフォーマンスを向上させるために用いることができる環境マネジメントシステムの要求事項について規定する。この規格は、持続可能性の"環境の柱"に寄与するような体系的な方法で組織の環境責任をマネジメントしようとする組織によって用いられることを意図している。

　この規格は、組織が、環境、組織自体及び利害関係者に価値をもたらす環境マネジメントシステムの意図した成果を達成するために役立つ。環境マネジメントシステムの意図した成果は、組織の環境方針に整合して、次の事項を含む。

－環境パフォーマンスの向上
－順守義務を満たすこと
－環境目標の達成

　この規格は、規模、業種・形態及び性質を問わず、どのような組織にも適用でき、組織がライフサイクルの視点を考慮して管理することができる又は影響を及ぼすことができると決定した、組織の活動、製品及びサービスの環境側面に適用する。この規格は、特定の環境パフォーマンス基準を規定するものではない。

　この規格は、環境マネジメントを体系的に改善するために、全体を又は部分的に用いることができる。しかし、この規格への適合の主張は、全ての要求事項が除外されることなく組織の環境マネジメントシステムに組み込まれ、満たされていない限り、容認されない。

注記　この規格の対応国際規格及びその対応の程度を表す記号を、次に示す。

ISO 14001:2015、Environmental management systems-Requirements with guidance for use（IDT）

なお、対応の程度を表す記号"IDT"は、ISO/IEC Guide 21-1に基づき、"一致している"ことを示す。

■解釈と注意する点

本項は、ISO14001（JISQ14001）規格の適用範囲を示す個所であり、個別のEMSの適用範囲を示すものではない。個別のEMSの適用範囲に関する要求事項は「4.3 環境マネジメントシステムの適用範囲の決定」に示されている。

ここでは、ISO14001を適用するマネジメントシステムが意図する成果を示している。この中では「環境パフォーマンスの向上」が強調されており、「環境パフォーマンスの向上」を目指す意図が、規格の随所に織り込まれている。

規格は「全体を又は部分的に用いることができる」としていることは"認証"以外にも自主的な改善に使用できることを示している。一方、「組織がこの規格への適合を主張する場合には、全ての要求事項が除外なく環境マネジメントシステムに組み込まれ、満たされている」としている。適合に対する第三者認証を受けるにあたっては、全ての要求事項を満足する必要があり、「適用除外」は認められない。

審査員が教える運用のポイント

ISO14001に適合したEMSを効果的に運用するためには、規格の意図を正しく理解しなければならない。「環境パフォーマンスの向上」、「順守義務を満たすこと」、「環境目標の達成」は本規格が目指すべきものと言ってもよい。

ISO14001を、地球環境の改善に役立てたい。規格改訂に関与する人々の強い思いが、「環境パフォーマンスの向上」の重視に繋がっている。

ともすれば、個別要求事項への適合にばかり目がいきがちであるが、常に、規格の意図を意識してEMSに取り組むことが望まれる。

2 引用規格

2. 引用規格
この規格には、引用規格はない。

■**解釈と注意する点**
引用規格はないが、参考となりうる規格は以下のとおりである。

◇ ISO 9000：2015
品質マネジメントシステム－基本及び用語
◇ ISO 9001：2015
品質マネジメントシステム－要求事項
◇ ISO 19011：2011
マネジメントシステム監査のための指針
◇ ISO 31000：2009
リスクマネジメント―原則及び指針

　特に箇条6で要求されている「リスク及び機会への取組み」を理解する際やリスクアセスメントに取り組まれる際にはISO 31000（リスクマネジメント―原則及び指針）は参考となるだろう。

３ 用語及び定義

> **3. 用語及び定義**
> この規格で用いる主な用語及び定義は、次による。

■ 解釈と注意する点

以下に、本書を読み進めるに当って必要な定義を抜粋して掲載した。

【3.1.2 環境マネジメントシステム（environmental management system）】

マネジメントシステム（3.1.1）の一部で、環境側面（3.2.2）をマネジメントし、順守義務（3.2.9）を満たし、リスク及び機会（3.2.11）に取り組むために用いられるもの。

【3.1.3 環境方針（environmental policy）】

トップマネジメント（3.1.5）によって正式に表明された、環境パフォーマンス（3.4.11）に関する、組織（3.1.4）の意図及び方向付け。

【3.1.4 組織（organization）】

自らの目的（3.2.5）を達成するため、責任、権限及び相互関係を伴う独自の機能をもつ、個人又は人々の集まり。

　注記　組織という概念には、法人か否か、公的か私的かを問わず、自営業者、会社、法人、事務所、企業、当局、共同経営会社、非営利団体若しくは協会、又はこれらの一部若しくは組合せが含まれる。ただし、これらに限定されるものではない。

【3.1.5 トップマネジメント（top management）】

最高位で組織（3.1.4）を指揮し、管理する個人又は人々の集まり。

　注記１　トップマネジメントは、組織内で、権限を委譲し、資源を提供する力をもっている。

　注記２　マネジメントシステムの適用範囲が組織の一部だけの場合、トップマネジメントとは、組織内のその一部を指揮し、管理する人をいう。

【3.1.6 利害関係者（interested party）】
　ある決定事項若しくは活動に影響を与え得るか、その影響を受け得るか、又はその影響を受けると認識している、個人又は組織（3.1.4）。
例　顧客、コミュニティ、供給者、規制当局、非政府組織（NGO）、投資家、従業員
　　注記　"影響を受けると認識している"とは、その認識が組織に知らされていることを意味している。

【3.2.1 環境（environment）】
　大気、水、土地、天然資源、植物、動物、人及びそれらの相互関係を含む、組織（3.1.4）の活動をとりまくもの。
　　注記1　"とりまくもの"は、組織内から、近隣地域、地方及び地球規模のシステムにまで広がり得る。
　　注記2　"とりまくもの"は、生物多様性、生態系、気候又はその他の特性の観点から表されることもある。

【3.2.2 環境側面（environmental aspect）】
　環境（3.2.1）と相互に作用する、又は相互に作用する可能性のある、組織（3.1.4）の活動又は製品又はサービスの要素。
　　注記1　環境側面は、環境影響（3.2.4）をもたらす可能性がある。著しい環境側面は、一つ又は複数の著しい環境影響を与える又は与える可能性がある。
　　注記2　組織は、一つ又は複数の基準を適用して著しい環境側面を決定する。

【3.2.3 環境状態（environmental condition）】
　ある特定の時点において決定される、環境（3.2.1）の様相又は特性。

【3.2.4 環境影響（environmental impact）】
　有害か有益かを問わず、全体的に又は部分的に組織（3.1.4）の環境側面（3.2.2）から生じる、環境（3.2.1）に対する変化。

【3.2.5 目的、目標（objective）】
　達成する結果。
　　注記1　目的（又は目標）は、戦略的、戦術的又は運用的であり得る。

注記2　目的（又は目標）は、様々な領域［例えば、財務、安全衛生、環境の到達点（goal）］に関連し得るものであり、様々な階層［例えば、戦略的レベル、組織全体、プロジェクト単位、製品ごと、サービスごと、プロセス（3.3.5）ごと］で適用できる。

注記3　目的（又は目標）は、例えば、意図する成果、目的（purpose）、運用基準など、別の形で表現することもできる。また、環境目標（3.2.6）という表現の仕方もある。又は、同じような意味をもつ別の言葉［例　狙い（aim）、到達点（goal）、目標（target）］で表すこともできる。

【3.2.6 環境目標（environmental objective）】
組織（3.1.4）が設定する、環境方針（3.1.3）と整合のとれた目標（3.2.5）。

【3.2.9 順守義務（compliance obligation）】
組織（3.1.4）が順守しなければならない法的要求事項（3.2.8）、及び組織が順守しなければならない又は順守することを選んだその他の要求事項。

注記1　順守義務は、環境マネジメントシステム（3.1.2）に関連している。

注記2　順守義務は、適用される法律及び規制のような強制的な要求事項から生じる場合もあれば、組織及び業界の標準、契約関係、行動規範、コミュニティグループ又は非政府組織（NGO）との合意のような、自発的なコミットメントから生じる場合もある。

【3.2.11 リスク及び機会（risks and opportunities）】
潜在的で有害な影響（脅威）及び潜在的で有益な影響（機会）。

【3.3.3 ライフサイクル（life cycle）】
原材料の取得又は天然資源の産出から、最終処分までを含む、連続的でかつ相互に関連する製品（又はサービス）システムの段階群。

注記　ライフサイクルの段階には、原材料の取得、設計、生産、輸送又は配送（提供）、使用、使用後の処理及び最終処分が含まれる。

【3.3.4 外部委託する（outsource）（動詞）】
ある組織（3.1.4）の機能又はプロセス（3.3.5）の一部を外部の組織が実施するという取決めを行う。

注記　外部委託した機能又はプロセスはマネジメントシステム（3.1.1）の適用範囲内にあるが、外部の組織はマネジメントシステムの適用範囲の外にある。

【3.4.10 パフォーマンス（performance）】
測定可能な結果。
注記1　パフォーマンスは、定量的又は定性的な所見のいずれにも関連し得る。
注記2　パフォーマンスは、活動、プロセス（3.3.5）、製品（サービスを含む。）、システム又は組織（3.1.4）の運営管理に関連し得る。

【3.4.11 環境パフォーマンス（environmental performance）】
環境側面（3.2.2）のマネジメントに関連するパフォーマンス（3.4.10）。
注記　環境マネジメントシステム（3.1.2）では、結果は、組織（3.1.4）の環境方針（3.1.3）、環境目標（3.2.6）、又はその他の基準に対して、指標（3.4.7）を用いて測定可能である。

> **審査員が教える運用のポイント**

　この規格では、組織が作成している文書にこの規格の箇条の構造又は用語を適用することは要求していない。組織が用いる用語をこの規格で用いている用語に置き換えることも要求していない。組織は、例えば"順守義務"ではなく、2004年版で使用していた"法的及びその他の要求事項記録"を用いるなど、それぞれの組織や事業に適した用語を用いることを選択する自由がある。審査では組織で使用している用語の意図や意味を確認しながら、その適切性を評価することになる。

4 組織の状況

4.1 組織及びその状況の理解 新規

組織は、組織の目的に関連し、かつ、その環境マネジメントシステムの意図した成果を達成する組織の能力に影響を与える、外部及び内部の課題を決定しなければならない。こうした課題には、組織から影響を受ける又は組織に影響を与える可能性がある環境状態を含めなければならない。

■解釈と注意する点

①箇条4では、EMSを運用するための組織の枠組みを決めて、構築することが求められている。ここで決めたEMSの枠組みの中でPDCAをまわすことによって、この規格の「意図した成果（intended outcomes）」を達成しようとするものである。EMSの「意図した成果」とは、箇条1の適用範囲に記述されているように、(1) 環境パフォーマンスの向上、(2) 順守義務を満たすこと、(3) 環境目標の達成 の3項目である。

箇条4は、4.1から4.4で構成され、要約すれば、4.1で"己を知り"、4.2で"相手を知り"、4.3で組織の中でEMSの"対象となる範囲"を決め、4.4で、その範囲の中でEMSを"構築"するという流れとなっている。

②4.1では、組織の方向性を考慮し、(1) 環境パフォーマンスの向上、(2) 順守義務を満たすこと、(3) 環境目標 を達成しようとした場合に、組織に何らかの影響を与える「課題（issues）」を決定することが求められている。規格にある「組織の目的（purpose）」とは、組織が社会に存在する意義であり、多くの場合、理念や使命と呼ばれている。

③「課題（issues）」とは、内部及び外部に関する課題であり、組織として取組み、EMSを通じて解決すべき事項ととらえるとわかりやすい。「課題」は、内部的な解決すべき事項もあれば、外部の状況の変化等が組織に影響を及ぼし、その結果、組織として解決すべき「課題」になる事項もある。

〈図表 4.1　箇条 4 の流れ)〉

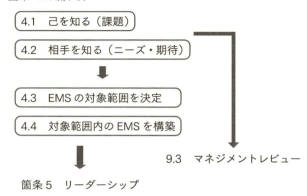

　この「課題」は、マネジメントレビューや、経営会議、〇〇委員会等で議論され明確にされる。その結果は、マネジメントレビュー記録、経営計画や、環境報告書等に記述される場合もある。また専門団体の調査結果を参考にする例もあるだろう。明確にした「課題」に関わる情報についてはその変化も把握しておくことが、9.3 マネジメントレビュー　b) の 1) で求められることになる。

審査員が教える運用のポイント

　① EMS の規格は、この「課題」を決定することからスタートする。4.1 で決定した、「課題」については、その変化を把握しつつ、箇条 6 で、「課題」だけでなく、環境側面と順守義務（法的・規制要求事項）を追加し、それらに関する「リスクと機会」を考慮し、計画を策定し、その計画をまわすことにより、「課題」の解決、環境負荷の低減及び順守履行へと向かうことが求められる。かつ、この「課題」の変化については 9.3 でマネジメントレビューのインプット事項（9.3b) の 1)項）となる。

　組織の EMS で対応すべきとして決定した「課題」には、組織が外部に対して影響を与える、または外部の状況が組織に影響を与える環境状態（3.2.3 では、「ある特定の時点において決定される、環境の様相又は特性」と定義されている）の両者を考慮しなければならない。例えば、騒音問題

が発生しており、地域住民に影響を及ぼしている場合、「騒音対策」が「組織が環境に与える影響」、一方、地球温暖化問題の進展による、昨今の異常気象は、例えば豪雨や豪雪など想定を超えるものがあり、組織として対応を迫られる場面が出てきている。この場合、「排水路の容量の検討」などが「環境が組織に与える影響」に関する「課題」となる。

②箇条4の要求事項の主語は、トップマネジメントではなく、組織である。「課題」はトップマネジメントのみにより決めるものでなく、組織としてあらゆる方向・方面から決定することが求められている。

③EMSにおける「課題」には、環境側面や順法義務に関わることだけでなく、EMSのPDCAがうまくまわらなくなる可能性又は要因が何かないのか（例えば、資源の不足、教育の不足、周知徹底の不足など）についても議論することが必要である。PDCAがまわらなくなると、環境側面や順法情報の最新化の作業もストップしてしまう。

④「課題」については、文書化した情報として保持する（記録する）ことは要求されていないが、EMSは課題を解決するためにもあるということを考えると、組織全体に共通に認識されていることは必要である。

⑤「課題を決定しなければならない。」の「決定する」の原文は"determine"である。QMS規格においてもこの"determine"が使われているが、その日本語訳は「明確にする」となっている。同じ英語の原文に対し異なる日本語訳となっているが、EMSにおいては、翻訳どおり「決定する」という意味と考えたほうが理解しやすい。

⑥なお、4.1は2004年版にはなかった新しい要求事項である。

4.2 利害関係者のニーズ及び期待の理解　新規

組織は、次の事項を決定しなければならない。
a) 環境マネジメントシステムに関連する利害関係者
b) それらの利害関係者の、関連するニーズ及び期待（すなわち、要求事項）
c) それらのニーズ及び期待のうち、組織の順守義務となるもの

■**解釈と注意する点**

①4.2では、EMSの対象となる利害関係者は誰で、その利害関係者が組織のEMSに何を求めるかを、組織として決定することが求められている。また、組織として明確にした利害関係者については、継続的にその情報を監視し、レビューすることが求められる。

②利害関係者とは、3.1.6によれば、「ある決定事項若しくは活動に影響を与え得るか、その影響を受け得るか、又はその影響を受けると認識している、個人又は組織」と定義され、その事例として、顧客、コミュニティ、供給者（suppliers）、規制当局、非政府組織（NGO）、投資家、従業員となっている。

組織の活動が外部に影響を及ぼしている対象としての利害関係者はもとより、その利害関係者のニーズ及び期待が満たされないことが組織の存続に影響を及ぼす可能性（リスク）があるとした場合にも、それを利害関係者として特定し、EMSの中で管理しなければならない。

③まずa)項で、そのような利害関係者を特定し、次に、b)項で、彼らが組織に求めるニーズ及び期待を特定し、c)項では、b)項で特定したニーズ及び期待の中から、組織のEMSで順守事項として管理すべきこと、例えば法律や条例などの法的要求事項（規制当局のニーズ）や地域との協定や業界の行動規範など（コミュニティからのニーズ）を規制要求事項として決定することが求められる。つまり、4.2のc)項では、利害関係者のニーズ及び期待で順守義務となるものであり、規制当局という利害関係者のニーズ及び期待として、法的要求事項および規制要求事項を抽出することが求められている。

④組織は、利害関係者のニーズ及び期待の変化についての情報を把握しておくことも、4.2ではなく、9.3の「マネジメントレビュー」で求められている。

（審査員が教える運用のポイント）

①EMSの利害関係者は、法的要求事項の順守義務は、規制当局が、地域との協定や業界の行動規範の順守義務は、地域住民等（コミュニティ）

が利害関係者に相当する。利害関係者は誰であり、彼らが組織に何を望んでいるのかについては、明確に決定しておく必要がある。

　組織のEMSの利害関係者と、一旦、定義すれば、定義しただけでは済まされず、恒常的に彼らのニーズと期待の把握はしなければならない。なぜなら、利害関係者のニーズ及び期待の変化の情報は9.3 b) 2) 項としてマネジメントレビューのインプット事項となっている。

　②この要求事項の主語も4.1と同様に組織であり、トップマネジメントではない。利害関係者及び彼らのニーズ及び期待は、トップマネジメントのみにより決めるものでなく、組織としてあらゆる方向・方面から検討し、決定することが求められている。

　③利害関係者及び彼らのニーズ及び期待については、文書化した情報として保持する（記録する）ことは、規格では要求されていないが、EMSで、利害関係者のニーズ及び期待にも応えるということを考えると、組織全体に共通に認識されていることは必要である。

　④「決定しなければならない」の原文は"determine"である。品質マネジメントシステム規格においても、この"determine"が使われているが、その日本語訳は「明確にする」となっている。同じ英語の原文に対し異なる日本語訳となってはいるが、EMSにおいては、文字通り「決定する」という意味と考えたほうが理解しやすい。

　⑤「関連する利害関係者」の「関連する」の原文は"relevant"であるが、品質マネジメントシステムでは、原文の"relevant"の翻訳は「密接に関連する」となっている。日本語の翻訳に差はあるが、意味に差はないと考えている。

　⑥なお、4.2は2004年度版にはなかった新しい要求事項である。

4.3　環境マネジメントシステムの適用範囲の決定　強化

　組織は、環境マネジメントシステムの適用範囲を定めるために、その境界及び適用可能性を決定しなければならない。

　この適用範囲を決定するとき、組織は、次の事項を考慮しなければならない。

a) 4.1 に規定する外部及び内部の課題
 b) 4.2 に規定する順守義務
 c) 組織の単位、機能及び物理的境界
 d) 組織の活動、製品及びサービス
 e) 管理し影響を及ぼす、組織の権限及び能力

　適用範囲が定まれば、その適用範囲の中にある組織の全ての活動、製品及びサービスは、環境マネジメントシステムに含まれている必要がある。

　環境マネジメントシステムの適用範囲は、文書化した情報として維持しなければならず、かつ、利害関係者がこれを入手できるようにしなければならない。

■解釈と注意する点

　①4.3 では、EMS の枠、すなわち適用範囲（Scope）を決定することが求められる。EMS の適用範囲とは、4.1（a 項）、4.2（b 項）、組織体制（c 項）、組織の活動と製品及びサービス（d 項）と組織としての管理可能性の程度（e 項）を考えて、適用範囲として、"組織の製品及びサービスに関連する組織的活動範囲"と"地理的な所在地"を決定することが要求されている。

　②組織として適用範囲が決定されれば、その適用範囲の中の組織のすべての活動、製品及びサービスはその EMS の範囲の中に含まれなければならない。適用範囲の中から何らかの活動、製品、サービスだけを除外することはできない。

　③組織が決定した適用範囲（組織の活動、製品及びサービス、組織体制及びその要員と地理的サイト）は文書化した情報として維持しなければならない。

審査員が教える運用のポイント

　① EMS の適用範囲とは、その範囲内で行われているいかなる活動、製品及びサービスも除外することはできないとなっている。これは、ある

範囲の中で製品AとBの製造を行っている組織の場合に、製品Bの製造活動をEMSから除外することはできないということである。もちろん製品AはA工場で、製品BはB工場で製造している場合、組織のEMSの適用範囲をA工場のみとしても問題はない。A工場としてすべての活動、製品及びサービスが適用範囲の中に含まれているからである。

ある地理的境界内の活動からの影響が、境界の外部に対してどのように環境的影響を及ぼすか、その影響を継続的に削減するというのがEMSの目的である。従って、その地理的境界内で行われている活動の一部を除外することは、EMSを運用する意味がなくなる。

ただし、ある地理的境界内の活動の一部を、他の組織が担っている場合には、4.3e）で影響を及ぼしうる程度によって適用範囲を決めることは可能である。つまり他の組織も組織のEMS内に組み入れられる場合と、組み入れられない場合がある。組み入れられない場合でも、他の組織に影響を及ぼすことができる範囲内で管理することも可能である。組織と他の組織との関係で決まってくる。

②「適用範囲に関して利害関係者が入手できるようにしなければならない」とは、ホームページなどで適用範囲を公開するなどが該当する。認証登録後は「審査登録証」を公開するのも一つの方法である。

4.4 環境マネジメントシステム

環境パフォーマンスの向上を含む意図した成果を達成するため、組織は、この規格の要求事項に従って、必要なプロセス及びそれらの相互作用を含む、環境マネジメントシステムを確立し、実施し、維持し、かつ、継続的に改善しなければならない。

環境マネジメントシステムを確立し維持するとき、組織は、4.1及び4.2で得た知識を考慮しなければならない。

■解釈と注意する点

4.1から4.3を通じて決定した課題等を解決するためのEMSを、具体的に、規格の要求事項に従って構築し、運用し、改善していくということ

が求められている。

　EMSでは、組織の活動をプロセスとそれらの組み合わせとして表現することができる。プロセスとは、3.3.5で、「インプットをアウトプットに変換する、相互に関連する又は相互に作用する一連の活動」と定義されている。EMSでは、目標管理、環境側面分析・評価管理、順守義務管理、監視・測定活動などのプロセスがあり、それぞれのプロセスとその相互作用によって構成されるマネジメントシステムを確立し、実施し、維持すること及び継続的に改善することが求められている。

〈図表4.4　プロセスとは〉

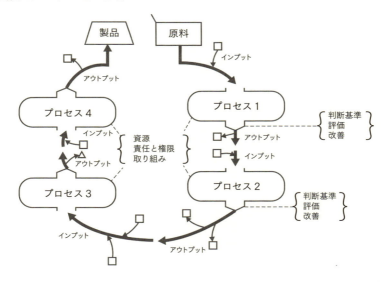

審査員が教える運用のポイント

　組織の活動及び環境活動を分析し、プロセスを一単位として再構成し、EMSを構築することが求められている。プロセスの一単位をどの活動にするかは組織の判断によるが、分析されたプロセス単位は、その後の構築されるEMSの運用やパフォーマンス評価及び改善の単位にもなる。システムの確立とは、組織の活動の手順が、誰が活動しても同様に行われるよう定まっている状態など、活動がばらつきなく行われる状態をいう。

5 リーダーシップ

5.1 リーダーシップ及びコミットメント 新規

トップマネジメントは、次に示す事項によって、環境マネジメントシステムに関するリーダーシップ及びコミットメントを実証しなければならない。

a) 環境マネジメントシステムの有効性に説明責任を負う。
b) 環境方針及び環境目標を確立し、それらが組織の戦略的な方向性及び組織の状況と両立することを確実にする。
c) 組織の事業プロセスへの環境マネジメントシステム要求事項の統合を確実にする。
d) 環境マネジメントシステムに必要な資源が利用可能であることを確実にする。
e) 有効な環境マネジメント及び環境マネジメントシステム要求事項への適合の重要性を伝達する。
f) 環境マネジメントシステムがその意図した成果を達成することを確実にする。
g) 環境マネジメントシステムの有効性に寄与するよう人々を指揮し、支援する。
h) 継続的改善を促進する。
i) その他の関連する管理層がその責任の領域においてリーダーシップを実証するよう、管理層の役割を支援する。

注記　この規格で"事業"という場合、それは、組織の存在の目的の中核となる活動という広義の意味で解釈され得る。

■**解釈と注意する点**

①箇条5の主語は、トップマネジメントである。

トップマネジメントとは、3.1.5 で、「最高位で組織を指揮し、管理する個人又は人々の集まり」であると定義されている。更に注記として、「マネジメントシステムの適用範囲が組織の一部だけの場合、トップマネジメントとは、組織内のその一部を指揮し、管理する人をいう。」となっている。EMS が、組織の一部だけの場合でも、組織と EMS の両立や統合が求められる。EMS の目指す方向と、組織の目指す方向が同じであることが重要である。

② 5.1 では、トップマネジメント自らの役割として、a）項から i）項の9項目が実行されるように、EMS を構築させ、運用させ、維持されるようにしなければならない。

a）項は、EMS がうまく機能しているかどうかはトップマネジメントの責任であるということ。

b）項は、EMS の目指す方向が、組織の目指す方向であることに責任があること。

c）項は、EMS の活動内容と、組織の中核となる活動とが一致していること。

d）項は、必要な資源が EMS に組み込まれていること。

e）項は、EMS が有効に機能することと、要求事項へ適合することの重要性を伝えること。

f）項は、EMS を運用すれば、その意図した成果（環境パフォーマンスの向上、順守義務を満たすこと、環境目標の達成の3項目）が達成すること。

g）項は、関係する要員を EMS に参画させること。

h）項は、継続的改善が進むこと。

i）項は、組織構造の中でそれぞれの管理層がその責任と権限が明確にされ、役割が発揮できるような体制を構築すること。

つまり、上記項目が、EMS の中に、組み込まれ浸透すれば、有効に機能する。従って、そうなるようにする責任がトップマネジメントにある。

> **審査員が教える運用のポイント**

① 2004年版にはなかった新しい要求事項である。

② リーダーシップとは、JISQ14001：2015に定義はなく、JISQ9000：2015の2.3.2に説明がある。それによれば、「全ての階層のリーダーは、目的及び目指す方向を一致させ、人々が組織の品質目標の達成に積極的に参加している状況を作り出す」ということである。そのような状況を作り出す役割がトップマネジメントにはある。

5.2　環境方針

　トップマネジメントは、組織の環境マネジメントシステムの定められた適用範囲の中で、次の事項を満たす環境方針を確立し、実施し、維持しなければならない。

a) 組織の目的、並びに組織の活動、製品及びサービスの性質、規模及び環境影響を含む組織の状況に対して適切である。

b) 環境目標の設定のための枠組みを示す。

c) 汚染の予防、及び組織の状況に関連するその他の固有なコミットメントを含む、環境保護に対するコミットメントを含む。

注記　環境保護に対するその他の固有なコミットメントには、持続可能な資源の利用、気候変動の緩和及び気候変動への適応、並びに生物多様性及び生態系の保護を含み得る。

d) 組織の順守義務を満たすことへのコミットメントを含む。

e) 環境パフォーマンスを向上させるための環境マネジメントシステムの継続的改善へのコミットメントを含む。

　環境方針は、次に示す事項を満たさなければならない。

－文書化した情報として維持する。

－組織内に伝達する。

－利害関係者が入手可能である。

■**解釈と注意する点**

　トップマネジメントの最も重要な役割として、環境方針を策定することがある。環境方針とは、3.1.3 に定義があり、「トップマネジメントによって正式に表明された、環境パフォーマンスに関する、組織の意図及び方向付け」である。

　つまり、環境方針とは、トップマネジメントにより正式に策定された環境パフォーマンスに関する組織の意図及び方向付けである。環境方針の内容に a) 項から e) 項の 5 項目が含まれていることが求められている。

　a) 項は、組織の活動と整合性のある環境方針の内容であること (5.1 の b) 項と c) 項を参照)、

　b) 項は、環境目標設定の概要があり、組織内でどのように環境目標が設定されるかがわかる内容であること、

　c) 項は、汚染の予防や環境保護に関するコミットメントがあること (詳細は、注記参照)、

　d) 項は、組織としての順守義務 (法的・規制要求事項の順守) に関するコミットメントがあること、

　e) 項は、継続的改善へのコミットメントがあること

　これらの総合として、環境方針は、組織固有で組織の特長が表現されている内容となることが望ましい。

　策定された環境方針は、文書化した情報として維持し、組織内に伝達されること、さらに利害関係者が環境方針を入手可能であることが求められている。

審査員が教える運用のポイント

　環境方針の内容については、a) 項から e) 項の内容を組み込むことは前提となるが、組織の EMS の顔でもあり、組織内に留まらず、利害関係者も入手可能でもあることから、その内容については、組織固有の特長や、ビジョン、トップマネジメントの思いなども含めて策定することが望ましい。

　「利害関係者が入手可能である」とは、組織のホームページや会社案内などに記載することでもよいが、外部からの要請に応じて都度環境方針を

配付するということでも問題はない。

> **5.3　組織の役割、責任及び権限**
> 　トップマネジメントは、関連する役割に対して、責任及び権限が割り当てられ、組織内に伝達されることを確実にしなければならない。
> 　トップマネジメントは、次の事項に対して、責任及び権限を割り当てなければならない。
> a) 環境マネジメントシステムが、この規格の要求事項に適合することを確実にする。
> b) 環境パフォーマンスを含む環境マネジメントシステムのパフォーマンスをトップマネジメントに報告する。

■解釈と注意する点

　箇条5において、トップマネジメントの最後の役割として、5.1のi)項にも関連し、組織内のそれぞれの役割に対し、責任と権限を割り当てて、その情報を組織全体に周知させることが求められている。そのことにより、EMSの運用が切れ目なく実施されることを目指す。

　更に、トップマネジメントは、a)項とb)項の2つの役割についても、責任と権限を割り当てることが求められている。これら2つの事項について、どのように割り当てるか（特定の1人か、複数か）について規格は特に要求していない。

審査員が教える運用のポイント

　EMSを有効に機能させるためには、組織内におけるそれぞれの役割に、適切に責任と権限を、力量のある要員に、トップマネジメントが割り当てて、その情報を組織内に十分に周知させることが必要との要求事項である。

　更には、EMSを適切に運用したり、状況を取りまとめ、トップマネジメントに報告する役割についても責任と権限を割り当てることが求められている。この役割は、従来は"管理責任者"という名称であった。JISQ14001：2015規格からは、"管理責任者"という名称は使っても、使

わなくともよく（規格は要求していない）、また、この役割は単数人でも複数人でもよい（規格は要求していない）。組織として、適切な割り当てが求められている。

6 計画

6.1 リスク及び機会への取組み 新規
6.1.1 一般

　組織は、6.1.1〜6.1.4に規定する要求事項を満たすために必要なプロセスを確立し、実施し、維持しなければならない。

　環境マネジメントシステムの計画を策定するとき、組織は、次のa)〜c) を考慮し、

a) 4.1に規定する課題
b) 4.2に規定する要求事項
c) 環境マネジメントシステムの適用範囲

　次の事項のために取り組む必要がある、環境側面（6.1.2参照）、順守義務（6.1.3参照）、並びに4.1及び4.2で特定したその他の課題及び要求事項に関連する、リスク及び機会を決定しなければならない。

－環境マネジメントシステムが、その意図した成果を達成できるという確信を与える。
－外部の環境状態が組織に影響を与える可能性を含め、望ましくない影響を防止又は低減する。
－継続的改善を達成する。

　組織は、環境マネジメントシステムの適用範囲の中で、環境影響を与える可能性のあるものを含め、潜在的な緊急事態を決定しなければならない。

　組織は、次に関する文書化した情報を維持しなければならない。
－取り組む必要があるリスク及び機会
－6.1.1〜6.1.4で必要なプロセスが計画どおりに実施されるという確信をもつために必要な程度の、それらのプロセス

■**解釈と注意する点**

①箇条6は、PDCAのP、すなわちEMSにおける計画を策定するところである。今回の規格改訂の強化ポイントの一つに、パフォーマンスの強化が挙げられる。PDCAをまわした結果として、(1) 環境パフォーマンスが向上したのか、(2) 順守義務を満たしたのか、(3) 環境目標を達成したのかについて重点を置く。そのために結果(パフォーマンス)をどう把握し、評価するかについての要求が強化されている。更に、目指すパフォーマンスを達成するためには、パフォーマンスが達成できるような計画を策定することが重要であるということである。実効性のない計画では、その計画を達成したとしても意味がない。

②箇条6は、6.1の「リスク及び機会への取組み」を通じて、6.2 「環境目標及びそれを達成するための計画の策定」という流れとなる。6.1は、細分化され、6.1.1は「一般」、6.1.2は「環境側面」、6.1.3は「順守義務」、6.1.4「取組みの計画策定」となっている。

6.1.1から6.1.4の要求事項を満たすためのプロセスを確立し、実施し、維持することが求められる。どのようにしてリスク及び機会へ取り組むのかの手順の確立が求められている(この手順の確立は、JISQ14001:2015だけの要求事項である)。その文書化の要否は組織の判断である。

③6.1では、リスク及び機会への取組み(actions)が求められている。

まず、EMSの適用範囲の中で、4.1で決定した組織としての「外部・内部の課題」と、4.2で決定した利害関係者の「ニーズと期待(要求事項)」、6.1.2の「環境側面」と6.1.3の「順守義務(法的・規制要求事項)」に対してリスク及び機会に取り組むことが求められている。

取組みとは、それらの「外部・内部の課題」、「ニーズと期待(要求事項)」、「環境側面」、「順守義務(法的・規制要求事項)」が、以下の3点についてのどの状況になるかについて、組織として考慮し、評価して、決定することである。

・意図した成果が達成できる(環境パフォーマンスの向上、順守義務を満たす、環境目標を達成する)

・望ましくない影響を防止または低減する

〈図表 6.1　環境目標設定プロセス〉

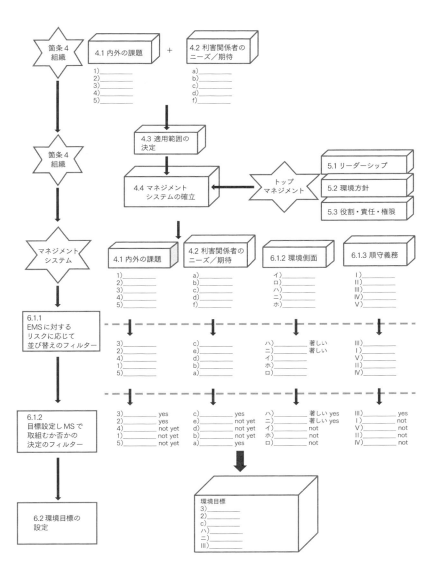

・継続的改善の達成

④リスクとは、3.2.10 に定義があり、「不確かさの影響」となっている。影響とは、「期待されていることから、好ましい方向又は好ましくない方向にかい（乖）離することをいう」とされている。一方、機会には、3.2.11 に「リスク及び機会」として定義があり、「潜在的で有害な影響（脅威）及び潜在的で有益な影響（機会）」となっている。つまり、機会とは、リスクの期待されていることから好ましい方向へのかい（乖）離のことと解釈できる。

⑤リスク及び機会の具体的な事例については、JISQ14001：2015 付属書 A「A.6.1 リスク及び機会への取組み」が参考になる。リスク及び機会をもたらす項目として、"環境側面"、"順守義務"、"その他の課題"、及び"利害関係者のその他のニーズ及び期待"が挙げられる。それぞれの項目は、それぞれリスクと機会になる可能性を有する。環境側面は有益又は有害な環境影響をもたらし、法規制への不順守は組織の信用を阻害し、順守は評判の強化につながる。組織内の組織変更や人事による環境に関わる要員の異動なども、EMS の円滑な運用に影響を与える。

⑥ 6.1.1 では、6.2 の EMS の計画を策定するために、4.1 で決定した課題と 4.2 で決定した利害関係者のニーズ及び期待、6.1.2 で決定する環境側面、及び 6.1.3 で決定する環境側面に関連する順守義務（法的・規制要求事項）が、a）項から c）項のどれになる可能性があるのかついて決めることが求められている。

それぞれの事象は不確実さを有しており、それぞれの事象の不確実さが期待から好ましい方向に向かう（a 項や c 項）可能性があるのか、好ましくない方向に向かう（b 項）可能性があるのかを、組織として決めることが要求されている。

⑦組織として EMS の緊急事態を決定することも求められている。

⑧ EMS では、6.1.1 から 6.1.4 のプロセスの文書化した手順と、その記録は残すことが求められている。

第3章 JISQ14001：2015 要求事項と規格解釈

審査員が教える運用のポイント

EMSの意図する成果を達成するためには、箇条4で決定した「外部・内部課題」と、「ニーズ及び期待」、6.1.2の「環境側面」、6.1.3の「順守義務」、さらには潜在的緊急事態を、組織として具体的に決定しておくことが重要である。具体的な内容として決定していないと、その事象がどのようになるのかを考えることが難しくなる。

規格要求事項の流れから考えると、上記の"外部・内部課題"、"利害関係者のニーズ及び期待"からEMSの適用範囲が決定され、EMSが構築され、そこに"環境側面"、"順守義務（法的・規制要求事項）"及び"潜在的緊急事態"を加味して、EMSの計画を決定することになる。

6.1.2　環境側面

組織は、環境マネジメントシステムの定められた適用範囲の中で、ライフサイクルの視点を考慮し、組織の活動、製品及びサービスについて、組織が管理できる環境側面及び組織が影響を及ぼすことができる環境側面、並びにそれらに伴う環境影響を決定しなければならない。

環境側面を決定するとき、組織は、次の事項を考慮に入れなければならない。

a）変更。これには、計画した又は新規の開発、並びに新規の又は変更された活動、製品及びサービスを含む。

b）非通常の状況及び合理的に予見できる緊急事態

組織は、設定した基準を用いて、著しい環境影響を与える又は与える可能性のある側面（すなわち、著しい環境側面）を決定しなければならない。

組織は、必要に応じて、組織の種々の階層及び機能において、著しい環境側面を伝達しなければならない。

組織は、次に関する文書化した情報を維持しなければならない。

－環境側面及びそれに伴う環境影響

－著しい環境側面を決定するために用いた基準

－著しい環境側面

> 注記　著しい環境側面は、有害な環境影響（脅威）又は有益な環境影響（機会）に関連するリスク及び機会をもたらし得る。

■**解釈と注意する点**

①組織の活動、製品及びサービスに関して、環境側面と環境影響を決定することが要求されている。また、環境側面のうち、著しい環境側面はリスク及び機会にもなる。

②環境側面の特定において、ライフサイクルの視点を考慮することが求められている。しかし、詳細なライフサイクルアセスメントを要求するものではなく、組織が管理できる又は影響を及ぼせるライフサイクルの段階を考慮することで十分である。製品の典型的なライフサイクルの段階には、例えば、原材料の採取、設計、生産、輸送、使用、使用後の処理や最終処分が含まれる。適用できるライフサイクルの段階は、活動、製品又はサービスによって異なる（JISQ14001：2015 附属書 A.6.1.2 環境側面）。

〈図表 6.1.2　製品のライフサイクル〉

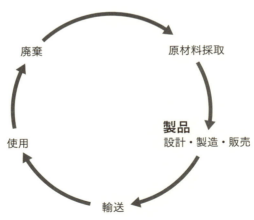

③組織の活動、製品及びサービスについて、まず、「組織が管理できる環境側面」と「組織が影響を及ぼすことができる環境側面（その範囲は組織なりに合理的に判断する）」を特定することを要求している。「影響を及ぼすことができる環境側面」とは、「組織が影響力を行使して間接的に管

理できる環境側面」である。これは、他者から提供され、組織が利用する製品及びサービス、並びに組織が組織外の他者に提供する製品及びサービス（外部委託したプロセスに関連するものも含む）に関連し得る。組織が他者に提供し、与える製品及びサービスについて、それらが組織の管理から離れた後には、組織は、その製品の使用及び最終処分に対して限定された影響しかもつことができない場合がある。しかし、いかなる状況においても、組織が行使できる管理の程度、影響を及ぼすことができる環境側面、及び組織が環境側面に対して行使すると選択したあらゆる影響の程度を決定するのは、組織である（JISQ14001：2015 附属書 A.6.1.2　環境側面）。

　特定する環境側面は、組織の活動、製品及びサービスの過去の状況も考慮しなければならない場合がある。例えば、過去の生産活動における有害物質の使用により、土壌汚染、地下水汚染という有害な環境影響が生じている可能性がある。

　④「変更。これには計画した又は新規の開発、並びに新規の又は変更された活動、製品及びサービスを含む。」は、環境側面の特定において、新規又は変更の要素を考慮すべきという意図がある。当然の要求であり、注意を喚起していると解釈すべきである。

　⑤「緊急事態」とは、もし対応しなければ、最終的に組織又は環境にとって有害な結果につながる可能性がある、望ましくない事象とみなすことができる。環境側面の特定のプロセスには、合理的に予見できる緊急事態とともに、通常及び非通常の操業状況、操業の停止及び立ち上げの状況の特定を含む。過去の緊急事態の発生、及び緊急事態への対応手順のテストからの結果について、特に注意を払うことが望ましい（JISQ14001：2015 附属書 A.6.1.2 環境側面）。

　⑥規格は、特定された「組織が管理できる環境側面」と「組織が影響を及ぼすことができる環境側面」の中で、確立された基準により"著しい環境側面"を決定することを求めている。決定のために影響評価するのが一般的である。著しい環境側面を決定するための方法は、一つだけではない。どのような方法を確立するかは、組織に任されている。

　しかし、使用される方法は、矛盾のない一貫した結果を出すものであり、

環境上の事項、法的課題及び内外の利害関係者の関心事に関係するような評価基準の確立及び適用を含むとよい。

特定された著しい環境側面は、必要に応じて組織の種々の階層及び部門において、伝達しなければならない。

⑦組織は、次に関する文書化した情報を維持しなければならないとしている。
- 著しい環境側面を決定するために用いた基準
- 環境側面及び関係する環境影響
- 著しい環境側面

これらの文書化された情報は、環境側面の変化があれば、その環境影響を考え（評価し）、その取り扱い（著しい環境側面として決定するか否かなど）を考える必要がある。具体的には 6.1.4 「取組みの計画策定」にて定めることになる。

審査員が教える運用のポイント

「環境側面の特定において、ライフサイクルの視点を考慮すること」が特徴である。

参考：環境側面の特定について

1) 環境側面の特定では、JISQ14001：2015 の附属書 A6.1.2 の考慮事項を参考にするとよい。

・大気への放出
・水への排出
・土地への排出
・原材料及び天然資源の使用
・エネルギーの使用
・排出エネルギー［例えば、熱、放射、振動（騒音）、光］
・廃棄物及び又は副産物の発生
・物理的属性、例えば、大きさ、形、色、外観
・空間の使用

2）組織の活動、製品及びサービスに関係する側面の特定では、次の事項を考慮するとよい。
・設計及び開発：（燃費のよいエンジンの開発など）
・製造プロセス：（効率よいプロセスの開発など）
・包装及び輸送：（包装の簡略化など）
・請負者及び供給者の、環境パフォーマンス及び業務慣行：（外注作業、重油受け入れなど）
・廃棄物管理：（廃棄物の減量、リサイクル、適正な業者選択など）
・原材料及び天然資源の採取及び運搬：（再生可能な原材料への切り替えなど）
－製品の流通、使用、及び使用後の処理：（流通の合理化、使用後製品のリユース、リサイクルなど）
－野生生物及び生物多様性：（例：生物が棲息出来る護岸工事の立案など）
3）さらに、環境側面の特定に関して、次の事項を考慮するとよい。
　　・緊急事態及び事故
　　・通常の操業状況
　　・非通常の操業状況
　　・操業の停止及び立ち上げの状況
　緊急事態及び事故に関しては、「8.2 緊急事態への準備及び対応」における「必要なプロセスを確立し、実施し、維持」する対象として取り扱うことになる。

6.1.3　順守義務

　組織は、次の事項を行わなければならない。
a) 組織の環境側面に関する順守義務を決定し、参照する。
b) これらの順守義務を組織にどのように適用するかを決定する。
c) 環境マネジメントシステムを確立し、実施し、維持し、継続的に改善するときに、これらの順守義務を考慮に入れる。
　組織は、順守義務に関する文書化した情報を維持しなければならな

い。
注記　順守義務は、組織に対するリスク及び機会をもたらし得る。

■解釈と注意する点

①組織は、4.2で特定した順守義務のうち環境側面に適用されるもの、及びどのようにそれらの順守義務を組織に適用するかについての決定を行う必要がある。順守義務には、組織が順守することを要求される法的な義務及びその他の強制的な義務、並びに採用するか否かについて組織が裁量をもつ義務が含まれる。これらは、すべての環境側面に適用可能なものであり、"著しい環境側面"にのみ適用できる要求事項ではない。

環境側面に適用可能な法律、及び都道府県・市条例などの記載のうち、環境側面に該当する具体的な部分である。以下に例示する。

・環境一般：環境基本法、循環型社会形成推進基本法（なお、基本法は基本的な考えのみを示すものであり、それを要求事項として特定するか否かは組織の判断に基づく）
・公害防止：特定工場における公害防止組織の整備に関する法律
・公害規制：大気汚染防止法、水質汚濁防止法、騒音規制法、振動規制法、悪臭防止法、下水道法、浄化槽法、土壌汚染対策法など
・土地利用に関する法律：工場立地法、土地計画法など
・廃棄物／リサイクル：廃棄物の処理及び清掃に関する法律、各種リサイクル法、グリーン購入法、資源有効利用促進法など
・化学物質規制／管理：PRTR法、化審法[1]、ダイオキシン類対策特別措置法、毒物及び劇物取締法、薬機法[2]など
・自然保護：自然環境保護法、自然公園法など
・地球温暖化問題：省エネ法、オゾン層保護法、フロン排出抑制法
・その他：消防法、高圧ガス保安法、放射線同位元素等による放射線障害の防止に関する法律、労働安全衛生法など

②また、以下も適用可能な場合、強制的な順守義務の対象になる

1）化審法：「化学物質の審査及び製造等の規制に関する法律」
2）薬機法：「医薬品、医療機器等の品質、有効性及び安全性の確保等に関する法律」

- 政府機関又はその他の関連当局からの要求事項
- 国際的な、国の及び近隣地域の法令及び規制
- 許可、認可、又はその他の承認の形式において規定される要求事項
- 規制当局による命令、規則又は指針
- 裁判所又は行政審判所の判決
- 協定、条約及び協約

　③組織が採用することを選択する、組織の環境側面に関連した、利害関係者のその他の要求事項も含む。JISQ14001：2015の附属書A6.1.3順守義務では、これらには、適用できる場合には、次の事項を含み得るとしている。

- コミュニティグループ又はNGOとの合意
- 公的機関及び顧客との合意
- 組織の要求事項
- 自発的な原則又は行動規範
- 自発的なラベル又は環境コミットメント
- 組織との契約上の取決めによって生じる義務
- 関連する、組織又は業界の標準

　④「これらの順守義務を組織にどのように適用するかを決定する」とは、特定した環境側面に適用可能な最新の要求事項を具体的に決めることである。すなわち、その名称だけでなく、規制の基準値、届出・報告内容、監視測定の内容・頻度・記録などの適用すべき具体的な法的要求事項を明らかにする必要がある（法律・条例のタイトルだけでは具体的な要求事項がわからない）。順守義務の計画は6.1.4取組みの計画にて定めることになる。

審査員が教える運用のポイント

　4.2のc）項では、利害関係者のニーズ及び期待で順守義務となるものであり、規制当局という利害関係者のニーズ及び期待として、法的要求事項および規制要求事項を抽出することが求められている。その際にも環境に関わることがその範囲である。6.1.3では、6.1.2で抽出した環境側面に関連する順守義務である。

順守義務とは、3.2.9で「組織が順守しなければならない法的要求事項、及び組織が順守しなければならない又は順守することを選んだその他の要求事項」と定義されている。

〈図表6.1.3　順守義務〉

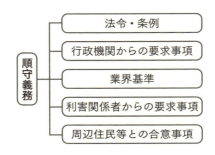

6.1.4　取組みの計画策定　強化

　組織は、次の事項を計画しなければならない。

a）次の事項への取組み

　1）著しい環境側面

　2）順守義務

　3）6.1.1で特定したリスク及び機会

b）次の事項を行う方法

　1）その取組みの環境マネジメントシステムプロセス（6.2、箇条7、箇条8及び9.1参照）又は他の事業プロセスへの統合及び実施

　2）その取組みの有効性の評価（9.1参照）

　これらの取組みを計画するとき、組織は、技術上の選択肢、並びに財務上、運用上及び事業上の要求事項を考慮しなければならない。

■解釈と注意する点

　①6.1.1から6.1.3をインプットに、6.1.4を通じて、6.2の環境目標の設定とその計画策定へとつながっていく。6.1.1では、4.1で決定した「外

部・内部の課題」と4.2で決定した利害関係者の「ニーズ及び期待」、さらに6.1.2の「著しい環境側面」及び6.1.3の「順守義務」などの項目がどのような不確実性を持つのかについて決定した。6.1.4では、その不確実性を考慮し、それぞれの事項に組織としてどのように取り組んでいくのかを決めることが求められている。

②取組みの選択肢については、JISQ14001：2015規格には何も書かれていない。そこでJISQ9001：2015規格の6.1.2の注記1を参考にする。それによれば、リスクへの取組みとは、「リスクを回避する」、「リスクを取る」、「リスク源の除去」、「起こりやすさや結果を変えること」、「リスクを共有する」、「リスクを保有する」ことなどの選択肢が挙げられている。

JISQ14001の6.1.4 a）項では、「外部・内部の課題」、「利害関係者のニーズ及び期待」、「著しい環境側面」及び「順守義務」のそれぞれの事項が、どのような影響（結果）になりうるのかということを考えて、そうなった場合、EMSの意図する成果（①環境パフォーマンスの向上、②順守義務を満たすこと、③環境目標の達成）にどのような影響を与えるのかについても考えて、それぞれの事項に対し、そのような対応（「リスクを回避する」、「リスクを取る」、「リスク源の除去」、「起こりやすさや結果を変えること」、「リスクを共有する」、「リスクを保有する」）をするのかを決定することが求められている。

更に、6.1.4 b）項では、リスクへの取組みをEMSの中でどのように取り組んでいくのか（ただし、取組みには「6.2 環境目標」とするものだけではなく、「8.1 運用の計画及び管理」「8.2 緊急事態への準備及び対応」「9.1 監視、測定、分析及び評価」又は労働安全衛生、事業継続など他の事業プロセスで対応するものが考えられる）、また取り組んだ結果の有効性の評価についても計画することが求められている。具体的には、「外部・内部の課題」、「利害関係者のニーズ及び期待」、「著しい環境側面」及び「順守義務」などのEMSで対応すべき事項のすべてを同時に取り組んで改善する（不確実性を減らし、好ましい方向へ向かうこと）ことは一般論として不可能であるので、それらの事項のリスクに対する組織への影響度に応じて、選択的に、対応計画を決めていくことが望ましい。すなわち、ある事

項のリスクが、組織の EMS に直ちに大きな悪影響を及ぼす場合は、直ちに計画を立ててリスク低減や回避をしなければならないだろうし、ある事象のリスクは、直ちには影響を及ぼさないのであれば、その対応は後回しでいいかもしれない。その事項のリスクの組織の EMS に与える影響度に応じて対応計画を立てることが適切である。やるべき事項を組織の EMS に与える影響度に応じて優先順位をつけて、その優先順位に対応した計画を考えることが望ましい。事項 A に対する対応は、短期計画で実施し、それが解決した後に事項 B の対応計画を長期計画でスタートさせるなどの全体計画を立案することも必要と思われる。すべてを等しく単年度計画で対応しなければならないというものではない。

〈図表 6.1.4　環境影響評価の流れ〉

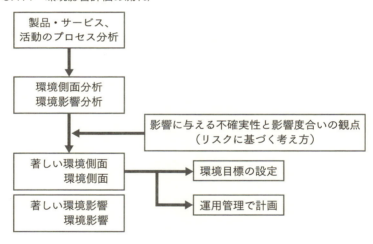

審査員が教える運用のポイント

①「外部・内部の課題」、「利害関係者のニーズ及び期待」。「著しい環境側面」及び「順守義務」など組織として対応しなければならない事項について、EMS でどのように対応していくかについての計画を考えることが求められている。

当然、取り組むべき事項の優先順位を組織として判断し、その優先順位に応じて適切な全体並びに個別対応計画を策定することになる。その結

果、組織のEMSの運用を通じて、好ましくない方向へ向かうリスクが減少し、好ましい方向へ向かうリスクが増大することになる。なお、取り組むべき事項の優先順位については、規格に要求事項はない。組織として最適な方法で決定することが求められている。

②「外部・内部の課題」、「利害関係者のニーズ及び期待」、「著しい環境側面」及び「順守義務」の項目の中で取り組むべき事項の優先順位付けの方法について規格は求めていない。会議体として議論・合意を通じて決定してもいいし、リスクマネジメントのやり方に従って、項目ごとに発生確率と影響度を数値化して、数値として順位づけてもいい。一般的には、環境側面から著しい環境側面評価については、項目ごとにリスクマネジメントの手法に則って定量的に評価している事例が大半である。従って、環境影響評価については、既に取り組んできた組織は従来のやり方を変える必要はない。他の項目をどのように評価するのかについては、組織として検討の余地がある。

6.2　環境目標及びそれを達成するための計画策定　強化
6.2.1　環境目標

組織は、組織の著しい環境側面及び関連する順守義務を考慮に入れ、かつ、リスク及び機会を考慮し、関連する機能及び階層において、環境目標を確立しなければならない。

環境目標は、次の事項を満たさなければならない。
a) 環境方針と整合している
b) （実行可能な場合）測定可能である。
c) 監視する。
d) 伝達する。
e) 必要に応じて、更新する。

組織は、環境目標に関する文書化した情報を維持しなければならない。

■**解釈と注意する点**

① 6.1 を通じて策定したやるべき事項に対するリスク対応計画に従って、組織内の必要とする部門や機能に対し環境目標を設定し、その目標の実行計画を、EMS の中で策定することが求められている。

②目標とは、3.2.5 で「達成する結果」と定義されている。環境目標は、3.2.6 で「組織が設定する、環境方針と整合のとれた目標」となっている。

設定される環境目標は、a）項から e）項の 5 項目を満たさなければならない。

③ b）項で、環境目標は、実行可能な場合には測定可能であることが求められている。箇条 9 のパフォーマンス評価、これは PDCA の C に相当する箇条であり、パフォーマンスとは、3.4.10 では「測定可能な結果」という定義になっている。可能な限り定量化することが望まれる。

④設定した環境目標は、文書化した情報として維持（記録）しなければならない。

> **審査員が教える運用のポイント**

環境目標は、画一的に全て 1 年計画である必要はない。設定したテーマの重要度とタイムスケールを考慮し、もっと短い計画もありうるし、中期さらには長期計画もありうる。柔軟で軽快な計画が望ましい。

環境目標の設定は、これも画一的に部門ごとである必要はない。複数の部門がある共通の目標を設定してもいいし、全社で共通して実施するテーマと複数部門で実施するテーマ、部門ごとのテーマ、更には課やグループごとに設定し、それらを組み合わせてもいい。もちろん部門を横串にしたプロジェクト単位でも設定は可能である。組織として達成すべき環境目標（解決すべき課題）に対し、そのような組織的切り分けで設定することが適切であるかが重要なポイントである。

6.2.2　環境目標を達成するための取組みの計画策定　強化

組織は、環境目標をどのように達成するかについて計画するとき、次の事項を決定しなければならない。

> a) 実施事項
> b) 必要な資源
> c) 責任者
> d) 達成期限
> e) 結果の評価方法。これには、測定可能な環境目標の達成に向けた進捗を監視するための指標を含む（9.1.1 参照）。
>
> 　組織は、環境目標を達成するための取組みを組織の事業プロセスにどのように統合するかについて、考慮しなければならない。

■**解釈と注意する点**

6.2.1で設定する環境目標を、どのようにして達成するかの具体的計画を策定することが求められている。そこには、a)項からe)項までの5項目を設定しなければならない。特にc)項では、環境目標ごとに責任者を決めることが、さらにe)項には、どのようにその結果を評価するのかを決めることが要求されている。定量的であることが望ましい。

審査員が教える運用のポイント

詳細で具体的な環境目標達成計画が要求されている。

7 支援

7.1 資源

組織は、環境マネジメントシステムの確立、実施、維持及び継続的改善に必要な資源を決定し、提供しなければならない。

■解釈と注意する点

EMS の確立、実施、維持及びその継続的に改善するために必要な資源とは、一般に、人的資源、専門的な技能、技術、インフラストラクチャ、情報などが該当する。

これらの必要な資源が何であるかを箇条6、箇条8の計画の段階、又は箇条9、箇条10の活動を通じて明確にし、提供することになる。

審査員が教える運用のポイント

EMS に必要な資源については、「資源の妥当性」が、マネジメントレビューの考慮事項になっており、またアウトプット項目の中にも「資源の変更の必要性に関する決定」が含まれている。日々の活動の中でも、必要資源は充当されているが、マネジメントレビューにおいて妥当性を判断することが求められている。

本項は、2004年版「4.4.1 資源、役割、責任及び権限」の「資源」の部分に対応しており、実質的な違いはない。

7.2 力量 追加

組織は、次の事項を行わなければならない。
a) 組織の環境パフォーマンスに影響を与える業務、及び順守義務を満たす組織の能力に影響を与える業務を組織の管理下で行う人（又は人々）に必要な力量を決定する。
b) 適切な教育、訓練又は経験に基づいて、それらの人々が力量を備

えていることを確実にする。
c) 組織の環境側面及び環境マネジメントシステムに関する教育訓練のニーズを決定する。
d) 該当する場合には、必ず、必要な力量を身に付けるための処置をとり、とった処置の有効性を評価する。

注記　適用される処置には、例えば、現在雇用している人々に対する、教育訓練の提供、指導の実施、配置転換の実施などがあり、また、力量を備えた人々の雇用、そうした人々との契約締結などもあり得る。

　組織は、力量の証拠として、適切な文書化した情報を保持しなければならない。

■解釈と注意する点

　①本項の要求は、EMSのパフォーマンスに影響を与える業務及び順守義務を満たす組織の能力に影響を与える業務を行う要員について必要な力量を明確にし、その力量を確保することである。
　②当該業務に従事する要員の力量は教育・訓練又は経験に基づいていることが求められている。力量が不足している場合には"必要な力量を身に着けるための処置"をとること。具体的には、"注記"に示す処置である。この力量の証拠を文書化し保持しなければならない。
　③処置を行った後には、その処置の有効性を評価する。この"有効性の評価"とは、実施した処置によって"必要な力量を入手できたかどうか"を評価するということである。一般的には、処置後の業務の遂行状態を観察して、意図した力量が確保されているかを見ることになる。

審査員が教える運用のポイント

　①"環境パフォーマンスに影響を与える業務"の中では、例えば水質汚染に直接結びつく"排水処理"のような特殊な業務と、エネルギーの消費などに間接的に影響する一般業務に分けることができる。前者の力量を担

保するものは、公的資格（公害防止管理者など）や、専門性の高い教育訓練であり、後者は、一般教育が考えられる。また、前者の中には"順守義務を満たす組織の能力に影響を与える業務"が含まれることが一般的である。例えば、産業廃棄物処理委託業者との契約書の締結などが該当する。

教育訓練などの力量を確保する仕組みを考える際には、上記のように対象となる業務の性格により、分けて考えることが合理的である。

②本項は、2004年版「4.2.2 力量、教育訓練及び自覚」の一部に対応している。力量確保の対象は、"著しい環境影響の原因となる可能性を持つ作業を実施する人"から"環境パフォーマンスに影響を与える業務及び順守義務を満たす組織の能力に影響を与える業務を行う人"に広がっている。

③QMSでは要求事項としてあった"とった処置の有効性を評価"は、新しい要求事項である。

7.3　認識　強化

組織は、組織の管理下で働く人々が次の事項に関して認識をもつことを確実にしなければならない。

a）環境方針
b）自分の業務に関係する著しい環境側面及びそれに伴う顕在する又は潜在的な環境影響
c）環境パフォーマンスの向上によって得られる便益を含む、環境マネジメントシステムの有効性に対する自らの貢献
d）組織の順守義務を満たさないことを含む、環境マネジメントシステム要求事項に適合しないことの意味

■**解釈と注意する点**

①"組織の管理下で働く人々"とは、雇用形態に関わりなくEMSの適用範囲内で業務を行う人である。

②"認識"とは、単に"知っている"ということではなく、"その本質、意義を理解し、自己の活動に置き換える"ことである。該当する要員が環境方針、著しい環境側面と環境影響、EMSによる貢献などを理解し、自

らがとるべき行動を自覚できていることが必要となる。

　③"順守義務を満たさないことを含む、環境マネジメントシステム要求事項に適合しないことの意味"とは、各自の業務に関連した規定のプロセスからの逸脱や法律違反を起こす具体的状況や予想される結果のことである。

　④本項は、2004年版「4.4.2 力量、教育訓練及び自覚」の一部に対応している。記録の対象が"手順からの逸脱"から"順守義務を満たさないことを含む"に変わっている。

審査員が教える運用のポイント

　「ルールどおり実行する」ことは、EMSを含むマネジメントシステムの基本であるが、やみくもに「ルール順守」のみを訴えても、効果はあがらない。「何のためのルールか」、「ルールを守らないとどのようなことになるか」を、自らの業務に合わせて"認識"をもたせなければならない。

　そのためには、環境問題の現状、その中で自社にとっての環境配慮の重要性を伝えることにより、要員の動機づけを図ることが重要である。

7.4　コミュニケーション　強化
7.4.1　一般

　組織は、次の事項を含む、環境マネジメントシステムに関連する内部及び外部のコミュニケーションに必要なプロセスを確立し、実施し、維持しなければならない。

a）コミュニケーションの内容
b）コミュニケーションの実施時期
c）コミュニケーションの対象者
d）コミュニケーションの方法

　コミュニケーションプロセスを確立するとき、組織は、次の事項を行わなければならない。

― 順守義務を考慮に入れる。
― 伝達される環境情報が、環境マネジメントシステムにおいて作成される情報と整合し、信頼性があることを確実にする。

　組織は、環境マネジメントシステムについての関連するコミュニケーションに対応しなければならない。
　組織は、必要に応じて、コミュニケーションの証拠として、文書化した情報を保持しなければならない。

■解釈と注意する点

①コミュニケーションには、必ず相手があり、組織内、組織外で必要とするコミュニケーションの内容及び手段も異なってくる。これらを踏まえて、必要と判断したコミュニケーションについて決定する必要がある。
　なお内部・外部のコミュニケーションは、4.2で明確になる"環境マネジメントシステムに関連する利害関係者"を念頭に置いて計画する必要がある。
②「伝達される環境情報が、環境マネジメントシステムにおいて作成される情報と整合し、信頼性があることを確実にする」とは、法律上の報告義務や利害関係者のニーズに応じて公表する環境情報はEMSで管理された情報と整合している必要があるということである。例えば、外部に開示するCSR報告書でのCO_2排出量や省エネ法の定期報告内容は、EMSの監視・測定データなどと関連付けられていることが必要であり、環境情報管理が重要である。
③「環境マネジメントシステムの関連するコミュニケーション」とは、環境に関する外部からの苦情だけでなく、顧客からの問い合わせ、行政からの通知・通達、指導・勧告、立ち入り、地域住民などからの要望、業界団体からの連絡・報告、調査会社からのアンケートへの回答要請なども考えられる。このコミュニケーションを受け付けた組織は何らかの対応を行うことが必要である。また必要に応じてコミュニケーション記録を保持しなければならない。

④本項は、2004年版「4.4.3 コミュニケーション」に対応している。要求事項は、詳細化、具体化されている。内部コミュニケーションが、「7.4.2」、外部コミュニケーションが「7.4.3」に分かれた。

審査員が教える運用のポイント

コミュニケーションのプロセスを確立するために重要なことは、何のためのコミュニケーションかを常に意識することである。内部コミュニケーションにとっては、"周知・徹底" や "有効性の改善" などは目指すべきポイントになろう。また、外部コミュニケーションは、"正確性"、"迅速性" などが重要なポイントとなる。

7.4.2 内部コミュニケーション

組織は、次の事項を行わなければならない。
a) 必要に応じて、環境マネジメントシステムの変更を含め、環境マネジメントシステムに関連する情報について、組織の種々の階層及び機能間で内部コミュニケーションを行う。
b) コミュニケーションプロセスが、組織の管理下で働く人々の継続的改善への寄与を可能にすることを確実にする。

■解釈と注意する点

効果的な EMS の運用のために、内部コミュニケーションプロセスの確立が求められている。この中には、継続的改善のための提案に寄与する情報も含まれる。

種々の階層及び機能間でのコミュニケーションは、会議体、メールでの伝達やイントラネットの掲示板利用などが考えられる

"コミュニケーションプロセスが組織の管理下で働く人々の継続的改善への寄与を可能にする" とは、「改善提案制度」などボトムアップのためのプロセスを構築することを意味する。

内部コミュニケーションの内容と手段は図表 7.4.2 に例示する。

〈図表 7.4.2　内部コミュニケーションの内容と手段〉

コミュニケーションの内容	コミュニケーションの手段
①環境方針 ②環境目標 ③EMSの実施プロセス 　（マニュアル、規定類） ④苦情、クレーム ⑤改善提案 ⑥マネジメントレビュー結果 ⑦EMSのパフォーマンス情報 ・ ・ ・	a. 会議体 b. Eメール c. イントラネットの掲示板 d. 職場内の掲示 e. 朝礼 ・ ・ ・

審査員が教える運用のポイント

　内部コミュニケーションの要点は、「伝えること」ではなく「伝わること」である。例えば、新しくできたルールを伝える場合も、「何のためのルールであるか」、「このようにすれば何に役立つのか」をきちんと伝えることによって、受け手側が納得することが重要である。効果的な内部コミュニケーションは、要員個々の「認識」を土台にして成立すると言ってもよいであろう。

7.4.3　外部コミュニケーション

　組織は、コミュニケーションプロセスによって確立したとおりに、かつ、順守義務による要求に従って、環境マネジメントシステムに関連する情報について外部コミュニケーションを行わなければならない。

■解釈と注意する点

　EMSにとって、外部利害関係者とのコミュニケーションは、重要なポイントである。

　図表7.4.3に外部コミュニケーションの内容と手段を例示する。特に外部コミュニケーションの場合は、情報の受信と発信で形態が異なることが多いので注意を要する。

〈図表 7.4.3　外部コミュニケーションの内容と手段〉

種別	内容	手段
情報の受信	①外部クレームの受付 ②利害関係者からの指示・要望の受付 ③行政機関等からの要請（順守義務に基づく） ・ ・ ・	a. 口頭（電話含む） b. Eメール c. 書面（所定の様式を含む） d. 会議体 ・ ・ ・
情報の発信	①外部クレームへの対応結果の報告 ②利害関係者からの指示・要望への対応結果の報告 ③順守義務に基づく行政機関への報告 ④緊急時の情報発信 ⑤環境パフォーマンスの情報開示 ・ ・ ・	a. 口頭（電話含む） b. Eメール c. 書面（所定の様式を含む） d. 会議体 e. Web（ホームページ）での情報開示 f. 環境報告書 ・ ・ ・

　組織は、外部の利害関係者に影響を与えかねない緊急事態や事故が発生した場合、関連情報を開示することが求められることがある。また緊急時以外の外部コミュニケーション例として、環境報告書の発行やホームページを使った情報開示、利害関係者との対話、工場見学会などが考えられる。外部コミュニケーションの受付としては、利害関係者からの要望や苦情が該当するであろう。

　順守義務に従った外部コミュニケーションとは、例えば、省エネ法における国への定期報告・届出、水質汚濁防止法による事故時の行政報告、行政機関の立入り検査への対応などが考えられる。

審査員が教える運用のポイント

　外部コミュニケーションは、情報の発信、受信の双方向がある。情報の発信方法としては、環境報告書の作成や、ホームページでの環境情報の公開などがある。情報の信頼性が最も大切であることは言うまでもないが、企業イメージ向上に向けて、効果的な方法での情報発信も考える必要がある。一方、情報の受信対応では、正確かつ迅速なコミュニケーションが、

利害関係者の信頼を得るために重要である。特に苦情対応の場合は、即時に適切な対応を行うとともに、再発防止が必要な事態であるかを判断するプロセスを設けて、必要に応じて是正処置につなげる仕組みを構築しておくことが望まれる。

> **7.5 文書化した情報**
> **7.5.1 一般**
> 　組織の環境マネジメントシステムは、次の事項を含まなければならない。
> a) この規格が要求する文書化した情報
> b) 環境マネジメントシステムの有効性のために必要であると組織が決定した、文書化した情報
>
> 注記　環境マネジメントシステムのための文書化した情報の程度は、次のような理由によって、それぞれの組織で異なる場合がある。
> －組織の規模、並びに活動、プロセス、製品及びサービスの種類
> －順守義務を満たしていることを実証する必要性
> －プロセス及びその相互作用の複雑さ
> －組織の管理下で働く人々の力量

■解釈と注意する点

①従来あった「文書」と「記録」という用語を一括して「文書化した情報」という用語で表現している。規格の中で示される、"維持する"は「文書」、"保持する"は「記録」が該当する。

②この規格が要求する文書化した情報は、次のとおりである。
（文書：維持が求められるもの）
・環境マネジメントシステムの適用範囲（4.3 環境マネジメントシステムの適用範囲の決定）
・環境方針（5.2 環境方針）
・取り組む必要があるリスク及び機会（6.1.1 一般）

・6.1.1～6.1.4 で必要なプロセスが計画どおり実施されたという確信を持つために必要な程度の、これらのプロセス（6.1.1 一般）
・環境側面及びそれに伴う環境影響（6.1.2 環境側面）
・著しい環境側面を決定するために用いた基準（6.1.2 環境側面）
・著しい環境側面（6.1.2 環境側面）
・順守義務に関する情報（6.1.3 順守義務）
・環境目標に関する情報（6.2.1 環境目標）
・プロセスが計画どおりに実施されたという確信をもつために必要な程度の情報（8.1 運用の計画及び管理）
・プロセスが計画どおりに実施されるという確信をもつために必要な程度の情報（8.2 緊急事態への準備及び対応）
（記録：保持が求められるもの）
・力量の証拠（7.2 力量）
・必要に応じて、コミュニケーションの証拠として、文書化した情報（7.4.1 一般）
・監視、測定、分析及び評価の結果の証拠として、適切な情報（9.1.1 一般）
・順守評価の結果の証拠（9.1.2 順守評価）
・監査プログラムの実施及び監査結果の証拠（9.2.2 内部監査プログラム）
・マネジメントレビューの結果の証拠（9.3 マネジメントレビュー）
・不適合の性質及びそれに対してとった処置、是正処置の結果（10.2 不適合及び是正処置）

　③なお、これまで使用していた「文書」、「記録」という用語を「文書化した情報」に変更する必要はない。
　④本項は、2004 年版の「4.4.4 文書類」、「4.4.5 文書管理」、「4.5.4 記録の管理」に対応している。

審査員が教える運用のポイント

　文書化した情報の内容、詳細さの程度は、規格が示しているように、様々な要素により、異なってくる。組織の実状にあった管理体制を目指すべきである。

7.5.2　作成及び更新

文書化した情報を作成及び更新する際、組織は、次の事項を確実にしなければならない。

a) 適切な識別及び記述（例えば、タイトル、日付、作成者、参照番号）
b) 適切な形式（例えば、言語、ソフトウェアの版、図表）及び媒体（例えば、紙、電子媒体）
c) 適切性及び妥当性に関する、適切なレビュー及び承認

■ **解釈と注意する点**

文書化した情報の作成及び更新に関する要求であり、その内容は規格の記述の通りである。

"文書化した情報"が紙だけでなく、電子媒体になりつつある現状を踏まえている。その意味では、該当する媒体に応じた管理の方法を決定しておくことが重要であり、合理的である。

審査員が教える運用のポイント

いまや、文書の電子的な管理は一般的であるが、実際の使用場面では出力されるケースが多い。出力をしたものについても適切な識別がされているか確認する必要がある。なお、図や写真も「文書化した情報」であるため、適切な識別が必要である。

7.5.3　文書化した情報の管理　追加

環境マネジメントシステム及びこの規格で要求されている文書化した情報は、次の事項を確実にするために、管理しなければならない。

a) 文書化した情報が、必要なときに、必要なところで、入手可能かつ利用に適した状態である。
b) 文書化した情報が十分に保護されている（例えば、機密性の喪失、不適切な使用及び完全性の喪失からの保護）。

文書化した情報の管理に当たって、組織は、該当する場合には、必ず、次の行動に取り組まなければならない。

― 配付、アクセス、検索及び利用
― 読みやすさが保たれることを含む、保管及び保存
― 変更の管理（例えば、版の管理）
― 保持及び廃棄

　環境マネジメントシステムの計画及び運用のために組織が必要と決定した外部からの文書化した情報は、必要に応じて識別し、管理しなければならない。

注記　アクセスとは、文書化した情報の閲覧だけの許可に関する決定、又は文書化した情報の閲覧及び変更の許可及び権限に関する決定を意味し得る。

■解釈と注意する点

　① 7.5.2 で作成した文書の利用と保護に対する要求である。必要な人に正しい情報を確実に届けること、その情報の改ざん、誤使用から保護、及び情報漏洩防止を確実にする管理方法を決定することである。
　"文書化した情報の保護"は、情報セキュリティ上のトラブル回避のための新しい要求である。
　②その管理に必要な行動に対する要求も示している。ここでも該当する情報内容及び媒体の特性に応じた管理の方法を決定しておく必要がある。
　③"保持及び廃棄"については、"文書化した情報"の保管期間も含まれる。

審査員が教える運用のポイント

　文書の電子的な管理は、最新版管理を容易にする方法であるが、その盲点に気をつけなければならない。定められた様式にて記録を作成する場合、過去に作成した記録をコピーして作成することが見受けられる。その場合、様式が改版されているのを気づかず、旧版を使用したため必要な情報が欠落するおそれがある。様式を使用するときは、その都度"所定の場所"からダウンロードすることを習慣づけたい。

8 運用

8.1 運用の計画及び管理　強化

組織は、次に示す事項の実施によって、環境マネジメントシステム要求事項を満たすため、並びに6.1及び6.2で特定した取組みを実施するために必要なプロセスを確立し、実施し、管理し、かつ、維持しなければならない。

－プロセスに関する運用基準の設定
－その運用基準に従った、プロセスの管理の実施

注記　管理は、工学的な管理及び手順を含み得る。管理は、優先順位（例えば、除去、代替、管理的な対策）に従って実施されることもあり、また、個別に又は組み合わせて用いられることもある。

　組織は、計画した変更を管理し、意図しない変更によって生じた結果をレビューし、必要に応じて、有害な影響を緩和する処置をとらなければならない。

　組織は、外部委託したプロセスが管理されている又は影響を及ぼされていることを確実にしなければならない。これらのプロセスに適用される、管理する又は影響を及ぼす方式及び程度は、環境マネジメントシステムの中で定めなければならない。

　ライフサイクルの視点に従って、組織は、次の事項を行わなければならない。

a) 必要に応じて、ライフサイクルの各段階を考慮して、製品又はサービスの設計及び開発プロセスにおいて、環境上の要求事項が取り組まれていることを確実にするために、管理を確立する。
b) 必要に応じて、製品及びサービスの調達に関する環境上の要求事項を決定する。
c) 請負者を含む外部提供者に対して、関連する環境上の要求事項を

> 　　伝達する。
> d) 製品及びサービスの輸送又は配送（提供）、使用、使用後の処理及び最終処分に伴う潜在的な著しい環境影響に関する情報を提供する必要性について考慮する。
>
> 　組織は、プロセスが計画どおりに実施されたという確信をもつために必要な程度の、文書化した情報を維持しなければならない。

■解釈と注意する点

　①箇条8の「運用の計画」とは、6.1及び6.2で決定した「取組みの計画」の結果、策定される具体的な運用プロセスを明確にすることを意図している。

　運用管理の対象やその内容は、リスク及び機会に関する対象、著しい環境側面、順守義務によって異なる。プロセス（例えば廃棄物の分別や保管、産業廃棄物委託業者との委託契約、排水処理設備の運用、デマンド管理など）が有効であることを確実にするために必要な運用管理の方法を定める必要がある。

　こうした方法は、
－プロセスを管理し、有害な結果を防止するための技術
－望ましい結果を保証するために力量を備えた要員
－規定された方法（手順）
－結果を点検するためのプロセスの監視、測定
－必要な文書化した情報の利用
などが対象となる。

　②注記の内容は、運用管理の例を示している。

　工学的な管理とは、設備・機器の調整、付加機能の設定などが該当する。例えば、排水処理施設における、基準外排水の検知機能及び警報装置の設定などである。また、毎年1％ずつエネルギー原単位を改善していくという環境目標を達成する場合には、毎年、運用管理の方法を追加的に実施していくことになる。注記で記述されている"優先順位に従って実施"とは、このようなことが該当する。「除去」、「代替」、「管理」の例を下記に示す。

・除去→加工方法の変更によりエネルギー多消費型設備を廃止する。
・代替→既存設備を省エネ型設備に変更する。
・管理→設備管理をきめ細かくすることにより、エネルギー消費量を低減する。

　③「計画した変更」とは、例えば、設備の変更や増設、顧客要求や供給者の変更、使用材料の変更などがあげられる。このような変更に対して適切に管理する必要がある。また「意図しない変更」とは、突発的事態や副作用／二次的影響等、予期せぬ状況のことであり、その結果を確認し、必要に応じて、有害な影響を軽減する処置をとること（予防処置）である。

　④外部委託したプロセス（アウトソース）とは、組織の機能又はプロセスを外部の組織が実施することをいい、元々組織が実施していない機能又はプロセスの委託とは異なる。例えば機械部品加工業の組織にとって、原料の製造や完成した製品の輸送は、自社にその機能やプロセスはないので、外部提供者（JISQ9000：2015 【3.2.6 外部提供者（external provider）、外部供給者（external supplier）】組織の一部ではない提供者。例：製品又はサービスの生産者、流通者、小売業者又は販売者）という位置付けである。切削や研磨、表面処理など元々組織が加工していたプロセスを外部委託する場合はアウトソースになる。アウトソースの場合、JISQ14001：2015 の 3.3.4 の定義「ある組織の機能又はプロセスの一部を外部の組織が実施するという取決めを行う。注記：外部委託した機能又はプロセスはマネジメントシステムの適用範囲内にあるが、外部の組織はマネジメントシステムの適用範囲の外にある。」にあるように、外部委託したプロセスは、それが EMS の地理的な適用範囲外（例えば海外）にあっても、EMS の適用範囲内として管理する又は影響を及ぼすことを求めている。

　管理の程度や方法は組織が定めることになるが、アウトソース先毎に適切なものにすることが必要である。EMS と事業プロセスの統合という意味では購買管理に当たるプロセスであり、「アウトソース先の選定と継続評価の実施」、「管理記録の提出要請」、「委託先への訪問や二者監査」などが含まれるが、その方式及び程度は、環境側面の著しさ、順守義務、リスク及び機会の大きさに見合ったものが望ましい。

⑤ライフサイクルは 3.3.3 で「原材料の取得又は天然資源の産出から、最終処分までを含む、連続的でかつ相互に関連する製品（又はサービス）システムの段階群」と定義されており、設計、製造、輸送、梱包、最終消費又は処分がその例である。なお「6.1.2 環境側面」でも、ライフサイクルの視点を考慮して環境側面及び環境影響を特定することが要求されている。組織はライフサイクルの視点を持って、以下の 4 項目 (a)〜(d) を実施する必要がある。

(a)（必要に応じて）製品及びサービスの調達に関する環境上の要求事項の決定。例えば、「特定化学物質の使用禁止」「梱包形態の簡素化」「運搬車両の場内でのアイドリングストップ」などがあげられる。

(b)（必要に応じて）製品及びサービスの開発、納品、使用及び使用後の処理のプロセスの設計において、環境上の要求事項が考慮されていることを確実にするための管理の確立。開発、納品、使用、使用後と並列に記述してあるが、通常は、新製品（サービス）開発時において、納品、使用、使用後のプロセスにおける環境配慮が求められる。

(c) 請負者を含む外部提供者に対して、関連する環境上の要求事項の伝達。(a) で決定した要求事項を伝達すること。

(d) 製品又はサービスの納品、並びに製品の使用及び使用後の処理における、潜在的な著しい環境影響に関する情報を提供する必要性についての検討。(b) で明らかにする環境配慮について、供給者や顧客、最終消費者などについて「情報提供（例えば省エネ効果を促進する使用方法や廃棄時の分別方法など）」する必要性を検討することである。

⑥「プロセスが計画通りに実施されたという確信をもつために必要な程度での、文書化された情報の維持」とは、「その基準に従った、プロセスの管理の実施」をするために必要な文書のことである。

・運用管理を確実にするための文書例
　産業廃棄物処理手順書、排水処理手順書など。

審査員が教える運用のポイント

① 2004 年版では「4.4.6 運用管理」に該当する項番であり、今回の改訂

で「ライフサイクルの視点」が新たに強化された。

②「6.1及び6.2で特定した取組みを実施するために必要なプロセスを確立し、実施し、管理し、かつ、維持」するために、7.2「組織の環境パフォーマンスに影響を与える業務、及び順守義務を満たす組織の能力に影響を与える業務」と連動させて必要な教育、訓練又は経験による対象要員の力量の確保が必要である。

③アウトソース先への管理の程度や方法の対象は、委託するプロセスにおける環境側面とこれに伴う環境影響、関連するリスクと機会、順守義務を考慮する必要があり、これらに対応できる委託先の組織としての力量が求められる。

④ライフサイクル思考の重要性は、例えば、部品の加工だけを担っている組織でも、温室効果ガスの削減を考える上では、使用する原材料の製造や運送、また完成した製品を顧客までに届ける輸送・保管に関わるエネルギー消費を想定すれば、自社だけの取組みではなく、サプライチェーン全体として捉まえることが必要であることがわかる。またアウトソースしたプロセスのエネルギー消費は委託先での算定であるが、例えば発展途上国に委託している場合、結果として温室効果ガスの排出量は増加しているとの認識が必要である。自社がサプライチェーンの何処に位置しているのかも含め、多数の組織が複雑に関係し合っているのが現実であり、組織ができる範囲で（必要に応じて）ライフサイクル視点でa）、b）、c）、d）に関わっていくことが重要である。

8.2 緊急事態への準備及び対応 追加

組織は、6.1.1で特定した潜在的な緊急事態への準備及び対応のために必要なプロセスを確立し、実施し、維持しなければならない。

組織は、次の事項を行わなければならない。

a) 緊急事態からの有害な環境影響を防止又は緩和するための処置を計画することによって、対応を準備する。
b) 顕在した緊急事態に対応する。
c) 緊急事態及びその潜在的な環境影響の大きさに応じて、緊急事態

による結果を防止又は緩和するための処置をとる。
　d) 実行可能な場合には、計画した対応処置を定期的にテストする。
　e) 定期的に、また特に緊急事態の発生後又はテストの後には、プロセス及び計画した対応処置をレビューし、改訂する。
　f) 必要に応じて、緊急事態への準備及び対応についての関連する情報及び教育訓練を、組織の管理下で働く人々を含む関連する利害関係者に提供する。
　　組織は、プロセスが計画どおりに実施されるという確信をもつために必要な程度の、文書化した情報を維持しなければならない。

■解釈と注意する点

　① 6.1.1で特定した「環境マネジメントシステムの適用範囲の中で、環境影響を与える可能性のあるものを含め、潜在的な緊急事態」への対応について、必要なプロセスを確立し、実施し、維持することになる。なお、一般的に緊急事態と言われる「地震」は事故及び緊急事態の引き金にはなるが、特定が求められるのは、この際に発生する事態（例：有害物質の漏洩）の方である。また、「準備」とは、消火器や土嚢など対応のための設備・器具や体制を含む。

　② a）は、万が一緊急事態が発生し有害な環境影響が想定される場合、それを防止又は緩和するための処置を計画することであり、定期パトロールや設備点検、また発生した場合の対応プロセスの作成などが該当する。

　③確立した対応プロセスのレビューは定期的に実施しなければならない。このレビューは、プロセスの定期的なテストに併せて実施してもよい。テストでは要員に対する訓練だけでなく、事故・緊急時に作動する（はずの）装置、設備等の点検、動作確認等も含む。テストは実地テストが望ましい。

　④実地テストが不可能な場合は、机上の想定訓練も対象になるが、テスト結果は評価される必要がある。

　⑤利害関係者には、緊急事態連絡網や対応手順の情報提供、場合によってはテストへの参加を要請するなど、一体となった体制づくりが求められている。

審査員が教える運用のポイント

　① 2004年版の「4.4.7 緊急事態への準備及び対応」に対応する。2004年版では、緊急事態及び事故にどのように対応するのか"手順の確立"が求められていたが、2015年版では"必要なプロセスの確立"に変更されている。また、f) の「利害関係者への情報提供や教育訓練」は新規の要求事項である。

　② 2015年版での緊急事態は「環境マネジメントシステムの適用範囲の中で、環境影響を与える可能性のあるものを含め、潜在的な緊急事態（6.1.1参照）」としており、一般的な有害物質の漏洩や火災の発生といった側面だけでなく、例えば市場への環境有害物質を含んだ製品の流出による回収事態や、自然災害や気候変動による原材料調達における緊急事態など、組織の事業プロセスに沿ったリスクが想定される。また、これらの緊急事態への対応は環境上だけでなく、BCP（事業継続計画）や労働安全衛生管理等と連動したプロセスの運用など、幅広く考えるべきである。

❾ パフォーマンス評価

9.1 監視、測定、分析及び評価 　強化
9.1.1 一般

　組織は、環境パフォーマンスを監視し、測定し、分析し、評価しなければならない。

　組織は、次の事項を決定しなければならない。

a) 監視及び測定が必要な対象
b) 該当する場合には、必ず、妥当な結果を確実にするための、監視、測定、分析及び評価の方法
c) 組織が環境パフォーマンスを評価するための基準及び適切な指標
d) 監視及び測定の実施時期
e) 監視及び測定の結果の、分析及び評価の時期

　組織は、必要に応じて、校正された又は検証された監視機器及び測定機器が使用され、維持されていることを確実にしなければならない。

　組織は、環境パフォーマンス及び環境マネジメントシステムの有効性を評価しなければならない。

　組織は、コミュニケーションプロセスで特定したとおりに、かつ、順守義務による要求に従って、関連する環境パフォーマンス情報について、内部と外部の双方のコミュニケーションを行わなければならない。

　組織は、監視、測定、分析及び評価の結果の証拠として、適切な文書化した情報を保持しなければならない。

■解釈と注意する点

① EMS のパフォーマンスを評価するために、次のことを決定する必要がある。これらの監視・測定の対象には、「EMS の意図した成果」に関連する「環境パフォーマンス」を含めておくことが重要である。環境パフォーマンスは、EMS を導入した目的、環境方針で明示した枠組みに関連して

設定するとよい。
・著しい環境影響に関連する業務について、著しい環境影響の発生の可能性を防止等のために、業務が適切に実施されているかどうかの監視及び測定
・規格 6.1.3 で特定した順守義務に対して、順守されているかどうかを明らかにするための監視及び測定（詳細は 9.1.2）
・8.1 で計画した運用管理に関して、運用基準が順守されているかどうか等の監視及び測定
・6.2 で設定した環境目標及び達成のための計画に対する監視及び測定

②監視機器や測定機器を使用する場合、それらの機器が正確なものでなければ監視、測定結果を保証できない場合は、機器の校正、検証や使用前点検、定期点検などの管理方法を定め、実施しなければならない。監視、測定結果の保証が必要な場合とは、一般に順守義務や利害関係者に証明を必要とするものなどが該当する。

③これらの監視、測定、分析及び評価の結果は、組織自らの EMS の有効性を証明するために、文書化された情報として保管する必要がある。

〈図表 9.1.1　監視・測定の対象指標及び監視・測定機器の例〉

監視・測定の対象	指標	監視・測定機器
大気汚染	SOx NOx ばいじん量 有害物質（カドミニウム、塩素、鉛等）	排ガス測定器
水質汚濁	pH BOD（生物化学的酸素要求量） COD（化学的酸素要求量） SS（浮遊物質量） 大腸菌群 ノルマンヘキサン 有害物質（シアン、鉛、水銀等）	水質分析器 pH 計
騒音発生	騒音	騒音計
振動発生	振動	振動計
廃棄物の発生	廃棄物量 リサイクル量	重量計

④ 7.4で組織内、外部に対して『環境パフォーマンス』等の公開や開示を決定した場合は、定めた仕組みに沿ってコミュニケーションを実施する。組織内への『環境パフォーマンス』コミュニケーションは、一般的に組織の要員のEMSへの取組みを啓発することに役立つものである。また、6.1.3で特定した順守義務において、『環境パフォーマンス』等の報告義務などがある場合は、順守義務に沿って実施することが必要である。

> **審査員が教える運用のポイント**

① 「環境パフォーマンスの向上」は、今回の規格改訂の最も重要なポイントである。EMSの意図した成果の一つであることは、「1. 適用範囲」に記述がある。また、規格の中でも頻繁に「環境パフォーマンス」という用語が出てくる。

② 「監視、測定、分析及び評価」は、環境パフォーマンス向上のために実施しているという根本を忘れてはならない。例えば、「省エネルギー（電力消費量の低減）」という環境パフォーマンスに対して、「監視、測定」は、現状の電力消費量を正しく把握すること及び電力消費に対する関連指標を明らかにし、それらを把握することが該当する。関連指標には、「生産量」、「設備の運転時間」、「気温」などが含まれる。「分析」には、各指標間の因果関係を明らかにすることが該当する。「評価」は、現状の運用状況の評価が該当する。「評価」結果から、「設備の運転方法の変更」や「設備更新」などの改善策が導かれる。今回の改訂で、「監視及び測定」から「監視、測定、分析及び評価」となったのは、具体的なActionを導くためのCheckであるということが強調されたことの現れである。

③ 本項は、2004年版「4.5.1 監視及び測定」に対応している。パフォーマンス評価は、重要な要求事項として、より強化されている。

9.1.2　順守評価　追加

組織は、順守義務を満たしていることを評価するために必要なプロセスを確立し、実施し、維持しなければならない。
組織は、次の事項を行わなければならない。

> a) 順守を評価する頻度を決定する。
> b) 順守を評価し、必要な場合には、処置をとる。
> c) 順守状況に関する知識及び理解を維持する。
> 　組織は、順守評価の結果の証拠として、文書化した情報を保持しなければならない。

■解釈と注意する点

①6.1.3において特定した順守義務が順守されているかどうかを明らかにすることが意図されている。

②環境方針では、組織自らが『順守義務への適合』をコミットメントしているため、コミットメントの証拠として、順守義務が果たされているかどうかを、自ら証明する仕組みが必要となる。この仕組みには、次の要素を含めなければならない。
・順守を評価する頻度
・順守を評価した結果、順守されていない場合など必要な場合の処置
・順守義務への適合状況を評価するために、関連する要員に対する知識等の付与

③順守されていない場合とは、順守義務が守られていない状態などが該当する。順守する義務（要求事項）が守られていない状態なので、一般に10.2の不適合の対象とし、確立した仕組みに従って修正処置や緩和処置及び是正処置を実施する。また、順守を評価するためには、順守義務そのものの知識や理解が必要となる場合がある。評価結果の正当性を保証するため、7.2を活用し、要員の力量保証を行うとよい。

④これらの順守評価の結果は、組織自らがEMSの有効性を証明するために、文書化した情報として保管する必要がある。

審査員が教える運用のポイント

①"コンプライアンス（法令順守）"は、組織の社会的責任であるとともに、組織イメージに重大な影響を及ぼす。過去、コンプライアンス問題によって廃業に至った例や、一度失った信頼を回復するのに、多大な時間

を要した例は数多くある。

②JISQ14001は、コンプライアンスを確実にする仕組みを組織に定着させるのに必要な枠組みを提供している。「4.2 利害関係者のニーズ及び期待の理解」及び「6.1.3 順守義務」で、守らなければならない順守義務を明確にしている。「7.2 力量」では、順守義務を満たす組織の能力に影響を与える業務に携わる人に、ふさわしい力量を備えていることを求めている。「7.3 認識」では、要員が、順守義務を満たさないことの意味を認識することを求めている。また、「8.1 運用の計画及び管理」では、「順守義務」という用語は出てこないが、「環境マネジメントシステム要求事項」には、当然「順守義務」は含まれており、順守義務を満たした運用が求められている。

③このような中で、「9.1.2 順守評価」は、コンプライアンスを確実にする"最後の砦"と位置付けられるものである。したがって、○、×式表示のみの安易な評価ではなく、何をもって順守したと言えるかを、証拠を含めて記録することが求められる。

④本項は、2004年版「4.5.2 順守評価」に対応している。「順守状況に関する知識及び理解を維持する。」は新しい要求事項である。

9.2　内部監査
9.2.1　一般
組織は、環境マネジメントシステムが次の状況にあるか否かに関する情報を提供するために、あらかじめ定めた間隔で内部監査を実施しなければならない。

a) 次の事項に適合している。
1) 環境マネジメントシステムに関して、組織自体が規定した要求事項
2) この規格の要求事項

b) 有効に実施され、維持されている。

9.2.2　内部監査プログラム

> 　組織は、内部監査の頻度、方法、責任、計画要求事項及び報告を含む、内部監査プログラムを確立し、実施し、維持しなければならない。
> 　内部監査プログラムを確立するとき、組織は、関連するプロセスの環境上の重要性、組織に影響を及ぼす変更及び前回までの監査の結果を考慮に入れなければならない。
> 　組織は、次の事項を行わなければならない。
> a) 各監査について、監査基準及び監査範囲を明確にする。
> b) 監査プロセスの客観性及び公平性を確保するために、監査員を選定し、監査を実施する。
> c) 監査の結果を関連する管理層に報告することを確実にする。
> 　組織は、監査プログラムの実施及び監査結果の証拠として、文書化した情報を保持しなければならない。

■解釈と注意する点

①内部監査は、「確立した仕組みが要求事項に適合しているか」、「その仕組みが適切に運用されているか」、「その仕組みは有効なのか」を自ら評価する活動である。環境マネジメントシステムの意図した成果を達成するために、確立したEMSの『適合性』と『有効性』を自らが評価する重要な活動である。

②内部監査の目的は、a) と b) である。

a) 項は、「適合性」を監査することを意図している。監査基準は、EMSの規格要求事項、及び組織自身が規定したルール（環境マニュアルなどMS文書）である。

b) 項は、「有効性」を監査することを意図している。

a) は、「ルールが規格要求に適合しているか」、「ルールどおりに実施しているか」という2つの視点の監査になる。一方、b) は「ルール通りに実施されたことによって計画した結果が達成できているか」という監査である。すなわち、「現在のEMSは、計画した結果が達成できるようなプロセス、システム、パフォーマンスとなっているか」ということである。これらの状況に問題があるのであれば仕組みのどこに課題があるのか、を

評価する。

〈図表9.2　内部監査の3つの視点〉

1．ルールが規格に適合しているか	→	適合性監査
2．ルール通りに実施されているか	→	適合性監査
3．計画した結果が達成できているか	→	有効性監査

　③内部監査は、次のとおり行う必要がある。
(1) 監査の実施頻度、監査方法、監査に関する責任及び実施計画に関するルールや、どのように報告するかを含む監査のプログラムを策定・維持する。監査プログラムは、マネジメントシステムの関連するプロセスの重要性に応じて計画を考慮すること並びに、前回までの結果を考慮して立案、実施しなければならない。
(2) それぞれの監査では、今回実施する監査の基準（規格要求事項、会社の基準、顧客要求事項、順守義務要求事項、認証機関のルールなど）や監査をする範囲（部署、関係プロセス）を明確にする。
(3) 監査の実施においては、監査内容が客観的であり、公平（利害によって圧力や手抜きの無い状況など）に行われるよう、部署と監査員の組み合せを考えて選定・計画する必要がある。
(4) 監査の結果は、トップマネジメントなど関連する管理層に報告する。
　④監査プログラムや監査結果は、活動の証拠として文書化した情報として維持・保管しなければならない。

審査員が教える運用のポイント

　内部監査を有効に機能させるためには、内部監査員も、受審側も「改善の機会」として、明確な目的意識をもって取り組む必要がある。単にルール通りに実施されているかを見るだけではなく、「そのルールの目的は何か」、「ルール自体に問題はないか」といった観点を持つことも大事である。

また、内部監査は、組織の活動全体をレビューする場でもあることから「リスク及び機会」を特定するためのイベントの一つとしても考えられる。

9.3 マネジメントレビュー 追加

トップマネジメントは、組織の環境マネジメントシステムが、引き続き、適切、妥当かつ有効であることを確実にするために、あらかじめ定めた間隔で、環境マネジメントシステムをレビューしなければならない。

マネジメントレビューは、次の事項を考慮しなければならない。

a) 前回までのマネジメントレビューの結果とった処置の状況
b) 次の事項の変化
　1) 環境マネジメントシステムに関連する外部及び内部の課題
　2) 順守義務を含む、利害関係者のニーズ及び期待
　3) 著しい環境側面
　4) リスク及び機会
c) 環境目標が達成された程度
d) 次に示す傾向を含めた、組織の環境パフォーマンスに関する情報
　1) 不適合及び是正処置
　2) 監視及び測定の結果
　3) 順守義務を満たすこと
　4) 監査結果
e) 資源の妥当性
f) 苦情を含む、利害関係者からの関連するコミュニケーション
g) 継続的改善の機会

マネジメントレビューからのアウトプットには、次の事項を含めなければならない。

－環境マネジメントシステムが、引き続き、適切、妥当かつ有効であることに関する結論
－継続的改善の機会に関する決定
－資源を含む、環境マネジメントシステムの変更の必要性に関する決

> 定
> －必要な場合には、環境目標が達成されていない場合の処置
> －必要な場合には、他の事業プロセスへの環境マネジメントシステムの統合を改善するための機会
> －組織の戦略的な方向性に関する示唆
> 組織は、マネジメントレビューの結果の証拠として、文書化した情報を保持しなければならない。

■解釈と注意する点

①トップマネジメント自らが、4.1の「組織の目的に関連し、かつ、その環境マネジメントシステムの意図した成果を達成」するためのマネジメントシステムとして、現在の状況を把握し、評価するとともに、組織全体の方向付けを行う活動がマネジメントレビューである。

②「あらかじめ定められた間隔で」とはレビューの対象期間が定められている必要があるということである。規格が『間隔』を要求しているのは、散発的な活動やデータ収集だけでなく、一定期間の環境パフォーマンスの評価や分析結果を活用することを意図している。規格9.1等の結果を有効に活用することがポイントである。マネジメントレビューは、規格要求事項を満足する形であれば、通常の業務と別途に特別な場を設ける必要は無く、トップマネジメントが意思決定や指示を行う通常の会議体などを利用することも可能である。規格5.1c)の「組織の事業プロセスへの環境マネジメントシステム要求事項の統合を確実にする」という意図からは、むしろこのような活動に統合することも考慮した方がよい。

③マネジメントシステムをレビューするにあたっては、全ての情報を同時に収集することは要求されていないため、『あらかじめ定めた間隔』に応じて必要な情報を提供することも可能である。それぞれの情報は、マネジメントシステムの適切性、妥当性や有効性を評価するためにa)項からg)項に関する情報を提供する。なお、適切性とは「組織の文化、事業内容などに合っているか」、妥当性とは「十分に実施されているか」、有効性とは「望ましい結果を達成しているか」ということである。

④トップマネジメントによるレビューでは、提供された情報等をもとに、自らが現在のEMSについて、どのように評価しているのか、評価の結果として認識した課題、継続的改善に向けての方向性に対して、どのような意思決定、指示を行うのかを明示的に示すことが必要である。この意思決定や指示に対して、放置すること無く改善に向けての取組みを実施し、その結果をトップマネジメントにフィードバックすることで、マネジメントレビューに関するPDCAが継続的に展開される。

〈図表9.3　EMSの構造〉

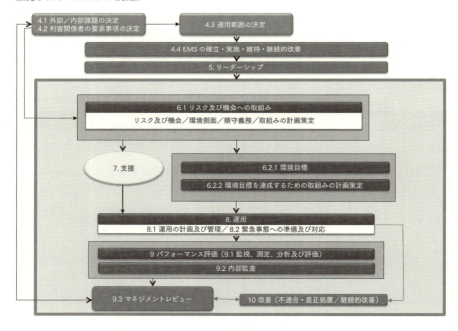

審査員が教える運用のポイント

　①マネジメントレビューは、EMSの全体的な方向付けを検討・決定するために、EMSの現状を考慮事項の中で整理し把握するという意味合いがある。特に注目すべきは、「次の事項の変化」として、考慮事項の中に「環境マネジメントシステムに関連する外部及び内部の課題」、「順守義務を含む、利害関係者のニーズ及び期待」、「著しい環境側面」、「リスク及び機会」

が含まれている点である。これらの考慮事項を見直すタイミングとして、マネジメントレビューを活用することが望ましい。

　②2004年度「4.6マネジメントレビュー」に対応している。インプットという文章はなくなり、"次の事項を考慮"となったが、内容はより明確になった。「内部、外部の課題」、「利害関係者のニーズ及び期待」、「リスク及び機会」は新規要求事項である。

　アウトプットは具体的に6項目となっている。「結論」、「事業プロセスへの統合を改善するための機会」、「戦略的な方向性に関する示唆」は新規要求事項である。

10 改善

10.1 一般　新規
　組織は、環境マネジメントシステムの意図した成果を達成するために、改善の機会（9.1、9.2 及び 9.3 参照）を決定し、必要な取組みを実施しなければならない。

■解釈と注意する点

"改善" 一般に関する包括的要求事項である。

「環境マネジメントシステムの意図した成果」とは、環境マネジメントシステムの目指すもの、すなわち①環境パフォーマンスの向上、②順守義務への適合、③環境目標を満たすことの 3 つを示す。

10.2　不適合及び是正処置
　不適合が発生した場合、組織は、次の事項を行わなければならない。
a) その不適合に対処し、該当する場合には、必ず、次の事項を行う。
　1) その不適合を管理し、修正するための処置をとる。
　2) 有害な環境影響の緩和を含め、その不適合によって起こった結果に対処する。
b) その不適合が再発又は他のところで発生しないようにするため、次の事項によって、その不適合の原因を除去するための処置をとる必要性を評価する。
　1) その不適合をレビューする。
　2) その不適合の原因を明確にする。
　3) 類似の不適合の有無、又はそれが発生する可能性を明確にする。
c) 必要な処置を実施する。
d) とった是正処置の有効性をレビューする。
e) 必要な場合には、環境マネジメントシステムの変更を行う。

> 是正処置は、環境影響も含め、検出された不適合のもつ影響の著しさに応じたものでなければならない。
> 　組織は、次に示す事項の証拠として、文書化した情報を保持しなければならない。
> －不適合の性質及びそれに対してとった処置
> －是正処置の結果

■解釈と注意する点

不適合とは、"要求事項を満たしていないこと"である。
EMSにおける要求事項とは、

① JISQ14001の規格要求事項
② JISQ14001に基づいて組織が自ら定めた要求事項
③ 法規制による要求事項
④ 顧客からの契約による要求事項

などが例として挙げられる。
①〜④を満たしていないことが不適合ということになる。

〔不適合が検出される主な場面〕
・内部監査
・外部監査（二者監査、第三者監査）
・マネジメントレビュー
・日常業務
・外部コミュニケーション
・内部コミュニケーション
・監視測定時
・順守評価時

　是正処置の実施手順は、規格が要求する a) から e) の事項を含んだ手順

〈図10.2①　是正処置〉

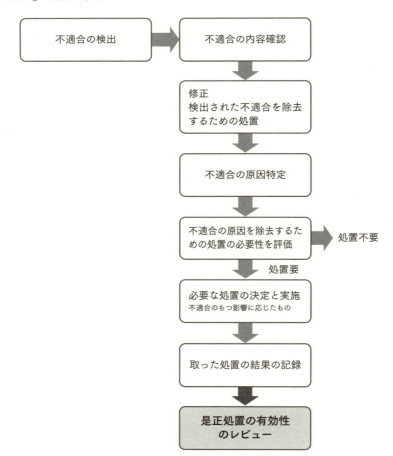

でなければならない。
- 修正処置の実施
- 有害な環境影響が生じた場合はその緩和
- 以下の処置を含んだ再発防止策の策定
    1）不適合のレビュー
    2）原因の特定
    3）類似の不適合の有無の確認
- とった是正処置の有効性のレビュー

〈図表 10.2②　予防処置の考え方〉

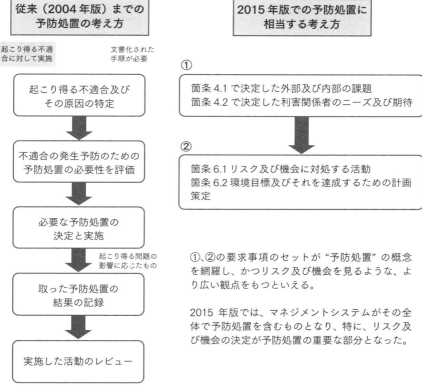

2015年版では予防処置という規格要求事項はなくなったが、従来（2004年版）までの予防処置の手順を10.3継続的改善の中で有効活用してもよい。

- 環境マネジメントシステムの変更（必要な場合）
- 文書化した情報の保持（是正処置の結果など）

"予防処置"の特定の要求事項に関する箇条がなくなったのは、正式なマネジメントシステムの重要な目的の一つが、予防的なツールとしての役割をもつためである。4.1において、組織の"目的"に関連し、意図した成果を達成する組織の能力に影響を与える、"外部及び内部の課題"の評価を要求し、更に6.1において、"環境マネジメントシステムが、その意

図した成果を達成できるという確信を与えること；望ましくない影響を防止、又は低減すること；継続的改善を達成すること；取り組む必要のあるリスク及び機会を決定すること"を要求している。これらの二つの要求事項はセットで"予防処置"の概念を網羅し、かつ、リスク及び機会を見るような、より広い観点をもつとみなされる。なお、JISQ14001：2004で構築した予防処置の手順・機能がある場合は、そのまま活用してもよい。

審査員が教える運用のポイント

　①是正処置は、PDCA サイクルの「Action」である。是正処置を実施することは、自分たちのミスを認めることになる、恥を表沙汰にすることになるなど、躊躇して是正処置を実施しない組織、あるいは上司や推進部門に報告しないスタッフが間々見かけられるが、是正処置の未実施や実施不十分で命取りになった例が多いことはよく知られている通りである。問題がある場合には、是正処置を実施する勇気をもつこと、また是正処置を実施しやすい組織風土や仕組みづくりが、勝ち残っていくための重要なポイントの一つであることに留意すべきである。

　②是正処置のトリガーは、組織で定めておく必要がある。例えば、EMS そのものに不備があった場合、マネジメントレビュー、内部監査、是正・予防処置など EMS 上の重要な機能が自ら定めたルール通り実施されていなかった場合、原因が類似する軽度な不適合が頻発する場合などは是正処置を実施すると定めることが望まれる。そして、そのような事態が生じた場合は、"今回は特殊な事情だ"などとして不適合の除去だけで済ませず、厳格に是正処置を実施することが、EMS を飾り物にしないポイントである。また、環境リスクから自組織を守ることを組織構成全員に周知する必要もある。

　③是正処置を実施しても、不適合原因の究明が十分でなく、不適合現象の説明をもって原因究明は終了としている組織が多数見受けられる。

　原因の究明にあっては、ほどほどに行うのではなく、自らに厳しく究明することが、再発防止に効果的であることを認識する必要がある。

　是正処置が、真の原因の除去ではなく、不適合現象の"手直し"や"修

正"に終わっている例も多い。是正処置すなわち不適合原因の除去であるから、原因に対応した是正処置が実施されていなければならない。

〈図表10.2③　JISQ9000：2015における不適合に関する処置に関する用語の定義〉

予防処置（3.12.1）
起こり得る不適合又はその他の起こり得る望ましくない状況の原因を除去するための処置
是正処置（3.12.2）
不適合の原因を除去し、再発を防止するための処置
修正（3.12.3）
検出された不適合を除去するための処置

10.3　継続的改善

組織は、環境パフォーマンスを向上させるために、環境マネジメントシステムの適切性、妥当性及び有効性を継続的に改善しなければならない。

■解釈と注意する点

継続的改善は、環境マネジメントシステムの適切性、妥当性、有効性を継続的に改善するための要求事項である。EMSの活動は、常に継続的改善に結び付けることが重要である。環境管理の仕組みを構築し、役割・責任を決め、管理策を定め、実施すればEMSが完了するわけではなく、環境目標が達成されるよう、絶えず改善活動を実施しなければならない。

環境方針、環境目標、内部・外部監査結果、監視した事象の分析、是正処置、マネジメントレビューを通じて、EMSの適切性、妥当性、有効性を継続的に改善することが重要である。

その際に、トップマネジメントがリーダーシップをとりコミットメント（改善指示）を示すことが、環境管理対策の確実な実施やパフォーマンスの向上を図るうえで重要である。

審査員が教える運用のポイント

　環境マネジメントシステムの適切性、妥当性及び有効性を継続的に改善するとは、①EMSが組織の環境目的とぴったりとあてはまっている状態であるのかという適切性の視点、②要求事項が満たされているのかという妥当性の視点、③計画した活動が実行され、計画した結果が達成された程度という有効性の視点から適宜確認することである。

　「継続的に」は、定期的にということを意図しているのではなく、ある一定の適合した状態（パフォーマンス）から改善を繰り返し行うことを意図している。

第4章

ISO14001：2015を活用した環境マネジメントシステムの運用

1 規格移行へ向けての準備

（1）認証規格移行スケジュールについて

　今回の2015年版の規格移行については、ISO（国際標準化機構）TC207発行「移行計画ガイダンス」（2014.07）に基づく。さらに審査という観点から"IAF Informative Document – Transition Planning Guidance for ISO 14001：2015"が発行されている。これらが、移行のための基本的なガイダンスとなる。このガイダンスによれば、ISO規格改訂版が発行されてから3年後に現行版の規格が廃止されることが決まっている。よって、現在認証取得をしている組織は、現行の認証規格版が3年後にはなくなってしまうので、その前に2015年版規格への移行が必要となる。

（2）認証規格の移行を完了するには

　前出のガイダンスに基づけば、認証取得組織は改訂版規格による移行審査を受審し、認証機関による「移行可」の判定を受ける必要がある。その期限は、先に述べた通り改訂版発行後3年以内である。

　移行審査は、認証サイクル内で実施される通常審査（サーベイランス（定

〈図表4-1　規格改訂と移行スケジュール〉

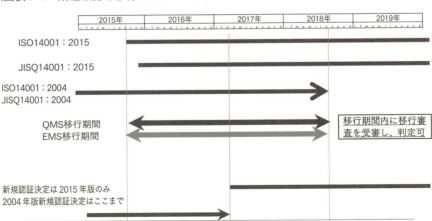

期維持)・更新(再認証))と同時に特別審査として実施することが基本となる。通常の審査サイクルに合わない場合は、単独の特別審査として実施される。

　なお、移行審査受審にあたっては"条件"があることに注意しなければならない。

(3) 移行審査受審するための条件について
　一般的に移行審査の受審のための条件として言われていることは、下記のようなことが多い。
1) 移行審査までに、最低3ヶ月程度の運用実績が望ましい。
　(2015年版の運用開始時期は移行審査で確認)
2) 現在の"適用範囲"の妥当性についての見直しを実施すること(適用範囲を変えることが求められているのではなく、妥当かどうか)。
3) 移行審査までに、必要な教育訓練は完了していること。
4) 移行審査までに、内部監査が完了していること。
5) 移行審査までに、マネジメントレビューが完了していること。
　なお、すでに複合審査などの統合で受審している組織は、EMSとQMSの複合移行審査も可能である(当然、EMS・QMS個別に受審することも可能)。

　通常審査＋特別審査として実施することが多いため、2015年版でのマネジメントシステム運用が必要になることは言うまでもない。つまり、審査基準を2015年版にしてマネジメントシステム審査を実施するということである。

(4) 移行にあたっての準備について
　そのための基本的な活動は一般的には下記のようなことになる。
1) ギャップ分析
・現在の版の規格と2015年版との差分確認。
・差分部分への対応方策を決定する。
2) 差分への対応を完了し、2015年版に適合するマネジメントシステム

を作り上げる。
3）2015年版に適合したマネジメントシステムの運用を開始する。
4）必要な教育・訓練を実施し、周知。
5）内部監査の実施。
6）マネジメンレビューを実施し、経営者による移行完了判断。

　これらの活動を効率的に実施するために、図表4-2の５つのステップを参考にしてみるとよい。

〈図表4-2　規格改訂対応の５ステップ〉

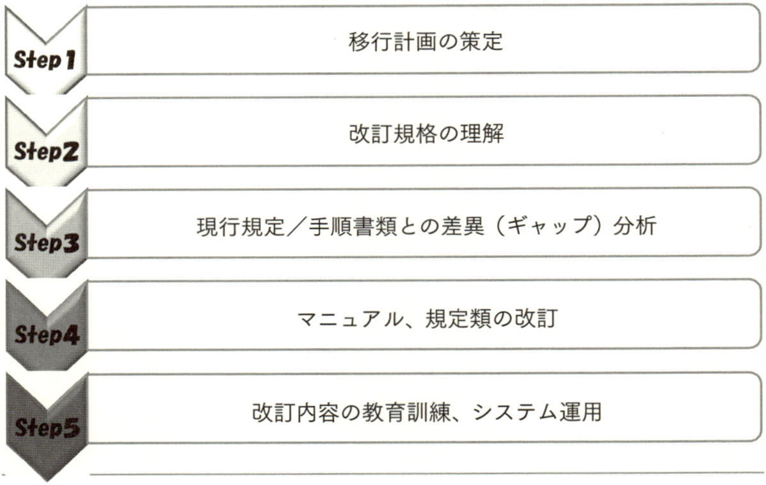

Step1	移行計画の策定
Step2	改訂規格の理解
Step3	現行規定／手順書類との差異（ギャップ）分析
Step4	マニュアル、規定類の改訂
Step5	改訂内容の教育訓練、システム運用

STEP1　移行計画の策定
　このステップでの主な活動は以下の通りである。
①審査日程の確定
・サーベイランス審査、更新審査に合わせた「移行審査」日程の確定
②スケジュール表の作成
・審査日程から逆算したスケジュール作成
③教育・研修計画
④内部監査、マネジメントレビューの計画
⑤予算計画

〈図表4-3　スケジュール例〉

	1ヵ月目	2ヵ月目	3ヵ月目	4ヵ月目	5ヵ月目	6ヵ月目	7ヵ月目	8ヵ月目	9ヵ月目
Step1 移行計画の策定	◎								
Step2 改訂規格の理解	→→→	→→→							
Step3 現行規定／手順書類との差異（ギャップ）分析		→→→	→→→						
Step4 マニュアル、規定類の改訂				→→→	→→→				
Step5 改訂内容の教育訓練、システム運用						→→→	→→→	→→→	
教育							◎		
内部監査 マネジメントレビュー								◎	
移行審査 （＋サーベイランスもしくは更新審査）									◎

STEP2　改訂規格の理解

　このステップで考慮すべきことは以下の通りである

①構造から見たISO14001

②PDCAに沿った規格構造

③確認するポイント

④予防処置がなくなった？

⑤マニュアルは変えなければならないのか？

　本書の規格解説部分（第3章）を参考にして、改訂された規格の理解を深めてほしい。そのポイントしては、下記のことがある。

１．全体構造を把握する

・MSS共通テキストの構造、改訂の意図などを把握する

２．差分を把握する

・旧版と改訂版を比較してどこがどう変わったのか

３．用語の定義を確認する

・例えば、「リスク」「機会（と脅威）」「パフォーマンス」「文書化した情報」など

STEP3　現行規定/手順書類との差異（ギャップ）分析
　このステップでは、規格の理解を深めたうえで、現存する規定・手順書類の改訂要否を判断する。そのポイントは下記の通りである。
①（規格の）新旧の対比表を確認する（変更点を把握する）
②現行規定と変更点の差分を確認する
③現行規定に改善が必要な不足点および不明瞭点があれば、見直しを行う
　なお、この機会に、現行規定と業務手順に不整合がないか再確認することは極めて有効である。

STEP4　マニュアル、規定類の改訂
　このステップでは、STEP 3をうけて、下記がポイントとなる。
①最新版管理の徹底
②見直しの結果、改訂を行わない場合でも見直した結果の記録を残すとよい
③必要に応じて文書/記録類の省力化・（統合化、廃止等）も検討する

STEP5　改訂内容の教育・訓練、システム運用
　このステップでの考慮すべきことは以下の通りである。
①要員に対して、必要な教育の実施
・新しく規定された手順・基準や改訂された様式・帳票の使い方などを伝える
・改訂された内容について、それらを順守することの意味・意義などを含めた丁寧な教育・訓練が大切になる。
②移行審査にあたり、運用状況を確認するために2015年版による内部監査、マネジメントレビューを実施すること
・内部監査を活用して、力量および認識を高めるように工夫するとよい
・マネジメントレビューでは、組織課題への対応活動進捗なども、忘れずに確認する

　移行準備は確かに改訂規格への対応ということが主眼になる。しかしな

がら、今回の改訂主旨からすれば"組織の事業・実務におけるレベルアップに役立つ"という観点から、積極的な見直しが必要となる。このステップを進める際には、ぜひとも過去にあがった既存のマネジメントシステムに対する意見や改善要望をしっかりと取り込んでいただきたい。

【備考】「規格移行へ向けての準備」は、一般社団法人日本能率協会　審査登録センター（JMAQA）の「2015年規格移行説明会」資料を基に記述しています。他の認証機関の審査では適用されない事項が含まれる可能性があります。

❷ 効果的な内部監査のあり方

1．内部監査とは何のための活動か
（1）内部監査はマネジメントシステムの"定期的手入れ"の手段

　マネジメントシステムとは、ISO14001の定義では、"方針、目標及びその目標を達成するためのプロセスを確立するための、相互に関連する又は相互に作用する、組織の一連の要素"とある。もっとわかりやすく、身近な日本語で表現すると、"経営管理のための仕組み"であり、企業、各種団体・機関などの組織にとってはなくてはならない"経営のための各種決め事（ルール）"である。

　マネジメントシステムは、誰の、何のための仕組みなのか。結論から言えば、「経営層のための経営管理ツール（道具）」である。経営層は、方針を示し、目標を設定し、リーダーシップを発揮し、活動にコミットメントして方針の達成を目指す。

　マネジメントシステムは経営管理のためのツール（道具）と述べた。ツール（道具）というものは、本来、定期的に手入れしないと、錆び付きや故障が発生し、期待する成果が得られなくなる。設備・機械、施設、計測機器、冶具などは必ず定期的手入れを行っている。

　EMSも定期的手入れを怠ると、錆び付きや故障が発生する。それは、惰性、形骸化、マンネリという形で現れる。従って、EMSも必ず、定期的手入れを行わなければならない。そのためには、継続的な改善が必要であり、また、人々に対して繰り返し、繰り返し意識付け、動機付けが必要になる。こんな言葉がある。"人間の本質は怠惰、惰性である"。まさにその通りで、人は時間の経過とともに緊張感が緩み、単純ミスやヒューマンエラーが発生しやすくなるし、放っておけば難しいことよりも、楽な方を好むという傾向がある。

　内部監査は、まさに、継続的な改善の一環として実施される活動であり、内部監査を受けることが意識付け、動機付けになる。また、監査する側にとっても、他部門を監査するからには役割認識や責任感、使命感が伴わ

ければならないことから、効果的な意識付け、動機付けとなり得る。まさに、内部監査という活動は、EMSの惰性、形骸化、マンネリの防止、あるいは、そのような状況から脱却するための効果的な"定期的手入れ"の手段といえる。

（２）内部監査は自主的活動の自己管理のための手段

　EMSの導入、運用は、外部から強制されたものではない。それぞれの組織の自らの意思決定によって、事業プロセスの問題・課題解決に活用している自主的な活動である。自主的な活動が意図した結果を得るためには、自己管理が必要になる。

　それは簡単に言えば、環境をキーワードに"PDCAサイクルをまわす"ということになる。

　図表4-4に示すように、事業活動で意図した結果を得るためには、全社的にPDCAをまわさなければならない。全社的にPDCAをまわすためには、各部門においてもPDCAをまわして成果を上げていなければならない。逆に言えば、各部門でPDCAがまわらず、事業の成果を上げていないにもかかわらず、全社的にPDCAがまわって成果を上げることは不可能である。

　内部監査は、各監査チームが分担して各部門を監査する。内部監査員の重要な視点は、監査対象部門の中で自主的、自律的に"PDCAをまわして意図する成果を上げているか？"、"状況の変化に応じた改善、必要に応

〈図表4-4　内部監査は自主的活動の自己管理の手段〉

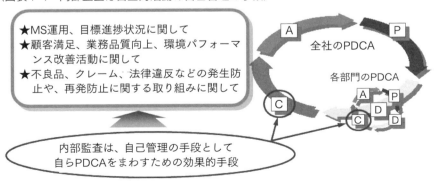

じた改善が図られているか？"を検証することである。
　内部監査は、全社的なPDCAの"C機能"である。また、各部門にとってもPDCAの"C機能"であるとともに、同時に各部門内でPDCAが機能しているかを検証する。まさに、内部監査は自主的活動において、組織的、計画的、継続的に実施される自己管理の手段としてきわめて効果的な活動に他ならない。

２．内部監査の有効性を向上させるためには
（１）組織全体の内部監査をレベルアップさせるためには

　本来、内部監査は事業活動における業務課題の解決、業務品質の改善のために極めて効果的な活動である。しかし、実態は、"規格が要求しているから"、"審査で確認されるから"、"認証維持のためには仕方ない"といった姿勢で実施され、内部監査プロセスも形式的で、本来の効果が発揮されない"セレモニー的"活動にとどまっていないだろうか。

　EMSの内部監査をレベルアップするためには、図表4-5に示すように内部監査員の役割認識・力量向上、内部監査プロセスの有効性向上、被監査側の是正処置・改善スキル向上の3つの要素が重要と考えている。特に、内部監査プロセスの有効性向上は、他の2つの要素のレベルアップのため

〈図表4-5　内部監査のレベルアップに必要な3要素〉

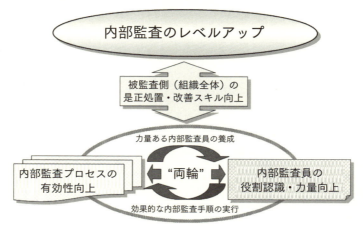

にも重要である。この項では、内部監査が本来の効果的な活動となるための内部監査プロセスの改善の方向性を提案する。

（２）現状の内部監査を振り返ってみる
　下記は、内部監査が陥りがちな状況であり、このような状況にあった場合は、内部監査プロセスの見直しを検討する必要がある。

> ①形式的な内部監査に陥っていないか
> 　内部監査は年間計画に沿って実行しなければならないが、実態は審査が近づき慌てて実施する"審査対応内部監査"に陥っていないか。
> 　各種手順書・計画書の中身の評価に踏み込まず、手順・計画の有無と、その実行結果である記録の有無の確認のみに終始していないか。
> ②内部監査員の役割認識は十分か
> 　監査は「目的」ではなく「手段」であり、経営課題の解決、業務品質改善につながるような結果を残さなければならない。その役割を十分に認識し、発揮しているか。
> ③改善に結びつく有効な指摘がなされているか
> 　認証取得から運用年数を重ねるに伴って、適合性監査から有効性監査（改善提案型監査）にウェイトシフトが図れているか。また、部門のPDCA機能を促進し、パフォーマンス向上につながるような指摘がされているか。

３．内部監査プロセスを見直す
（１）内部監査プロセスの範囲
　EMS運用組織が作成している『内部監査規定』の多くは、内部監査員の資格認定基準、内部監査の計画、実施、報告・フォローに関しては定められている。しかし、内部監査をより効果的な活動とするためには、JISQ19011でも推奨しているように、図表4-6のように内部監査プロセスにPDCA機能を発揮させる必要がある。
　図のように内部監査プロセスは、「自社の内部監査目的の明確化」から

〈図表4-6　内部監査プロセスの範囲〉

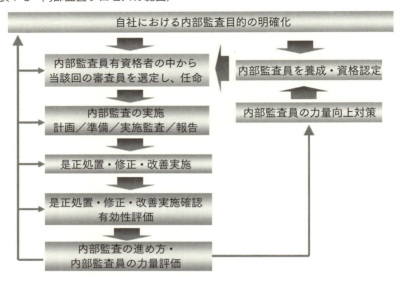

始まる。ただし、「9.2内部監査」に記述されている文言をそのまま目的とするのでは意味がない。重要なのは、"組織ならではの内部監査目的"の設定である。つまり、内部監査プロセスを自組織のEMSの運用の中でどのように位置付けるかということである。内部監査はEMSのチェック（C）機能であるから、何をチェックし、どのようなアウトプットを期待する活動なのかを明確にし、内部監査の目的に位置付けることが望ましい。

次に重要なのは、内部監査の目的達成のためにどのような力量をもつ内部監査員が必要で、目的達成のためにどのような内部監査活動を実施するかの検討である。そして、第3に重要なのは"CA機能の発揮"、つまり内部監査実施後に内部監査のパフォーマンスを評価し、内部監査の実施方法や内部監査員の力量に改善すべき点があれば、内部監査プロセスを継続的に改善していくことである。

（2）効果的な内部監査のために－準備段階－

図表4-7は、一般的な内部監査の実施の流れである。図にもあるように、まず、内部監査が計画され、計画に従って実地監査が行われるわけだが、

〈図表4-7　一般的な「内部監査の実施」の流れ〉

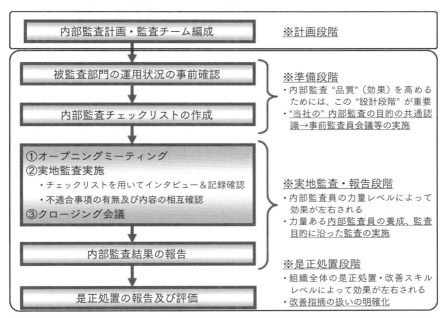

実地監査前に十分な準備をすることが望ましい。内部監査の準備段階は、製品づくりでいえば"設計段階"にあたり、"内部監査の品質"＝内部監査の成果に影響を与える重要な段階である。そのためには、『内部監査規定』で、内部監査の準備段階を明確に位置付け、実地監査前に内部監査員（またはISO事務局）が行うべき準備をできるだけ詳細に規定することが望ましい。そうしないと、何の準備もなく"ぶっつけ本番的"に内部監査を行っても、その効果は期待できない。

内部監査の準備の中心となる作業は、チェックリストの作成である。チェックリスト作成に当たっては、次の事項が確認できるような質問項目をリスト化していくことが望ましい。

①適合性監査
・目標・計画事項、各種規定・手順、規制等の要求事項を満たしているか？

②有効性監査
・目標進捗状況の確認とともに各種計画事項、現状システムが期待する成果をあげているか？
・各部門内で自律的にPDCAをまわして様々な改善が図られているか？
・現状の計画事項、規定・手順、その他システムに改善すべき点はないか？
③順法監査
・適用される法規制及びその他（条例、業界基準、顧客基準、組織自らが定めた基準など）の要求事項が順守されているか？
・法規制及びその他の要求事項の適用を受ける業務・作業の管理状況に問題はないか？　改善すべき点はないか？

特に重要な確認事項は、有効性監査の視点であり、監査対象となるプロセスでPDCAが発揮されているかを検証することが内部監査の重要な役割である。目標管理プロセスを例にとると、図表4-8に示した事例のように目標管理プロセスにおいてPDCAが発揮されているかを検証することであ

〈図表4-8　「目標管理プロセス」におけるチェックリスト（例）〉

	質問項目
P	・現状、どのような環境課題、業務課題があるか ・環境課題、業務課題、上位目標に対して適切、妥当な目標が設定されているか ・目標達成に向けた適切、妥当な計画が作成されているか ・責任の所在、目標達成の手段、日程は適切、妥当、明確か ・前期実績をどのように反映して設定されているか
D	・目標達成のための手順書の有無、必要性の確認 ・手順書の有効性、実施状況 ・目標達成に向けて活動が進んでいるか ・目標達成に向けた内部コミュニケーションの実施状況
C	・目標の進捗状況をどのように把握し、確実に把握しているか ・把握した進捗状況をどのように評価しているか ・進捗状況の評価に応じて、どのように要因分析しているか
A	・要因分析に応じてどのように対策を検討しているか ・検討した対策の実施状況、その有効性 ・不適合に該当の場合は、その是正処置内容と有効性の評価 ・今期の目標達成見通しを来期にどのように反映させようと考えているか

る。目標管理プロセスにとどまらず、EMSの内部監査で確認すべき対象は、教育・訓練プロセス、運用プロセス、是正処置プロセスなど、対象となるプロセスでPDCAが発揮され、必要な改善活動がなされているかに尽きる。

　チェックリストを誰が作成するかは、組織によって異なり、完全に内部監査員が作成する場合もあれば、ISO事務局が作成する場合もある。いずれにしても対象となるプロセスでPDCAが機能しているかの確認ができるチェックリストであることが望ましい。

（3）効果的な内部監査のために－実地監査・報告段階－
　内部監査の実地監査・報告段階は、内部監査員自身の力量が問われる段階である。内部監査員の力量については後述するが、監査基準及び監査証拠を収集するヒアリング力、問題発見・課題形成力、監査所見・監査結論をまとめる文章表現力などのスキル習得・向上が必要となる。そのためには、どのような状況（階層、実務年数、実務経験者など）の要員を内部監査員候補者とし、どのように必要な力量を習得させ、さらに力量向上させるためにはどのような教育・訓練などを実施していくかが重要である。

　実地監査・報告段階の流れを図表4-9に示す。実地監査では、監査基準

〈図表4-9　情報の収集及び検証のプロセス〉

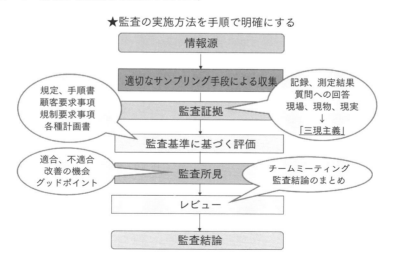

と監査証拠を比較し、監査所見を判断する。監査所見は適合、不適合、改善の機会（観察事項、推奨事項）の区分が一般的で、指摘事項として文章にまとめることになるが、その際、次の記述要件を満たす必要がある。その理由は、指摘事項の文章は被監査側に理解されることが必須であり、さらに、マネジメントレビューのインプットでもあるので、ISO事務局や管理責任者、トップマネジメントにも文章を読んで理解できるような記述でなくてはならないからだ。

　EMSの運用年数が長くなるほど、適合性のみを確認する監査から、パフォーマンス改善に結びつくような有効性をより高めるための監査に重点を移すことが重要である。有効性をより高められるような監査所見とは、どのような指摘なのか、その例を次に示す。これは、効果的な内部監査を実施している組織の実例である。

- ……を手順化し、運用されることを推奨します。
- ……を定期的に評価する手順とする等、見直すことをお勧めします。
- ……の評価基準が明確になっていないので手順書に織り込み明確にされてはどうでしょうか。
- ……実務実態と手順が整合していない。実態に合った手順に修正の必要がある。
- ……の総合判断基準が明確になっていないので、判断基準を明確にすることを推奨する。
- ……自部門の業務分担・責任を明確化し、管理文書化することでEMSの改善を図ることをお勧めします。
- ……の記録が確認できなかったので、記録として確認できるように、記録管理方法の改善を提案する。
- ……のクレームが発生した場合、再発防止のため文書化、回覧等で見える化、情報共有化を図ることが望ましい。

（4）効果的な内部監査のために－是正処置段階－

　不適合や改善の機会の指摘を受けた被監査側は、必要な是正処置または改善を実施することになる。図表4-5に示したように、組織全体の内部監査をレベルアップするために必要な3要素があり、その中でも、是正処置段階は組織全体の是正処置・改善スキルを高めるために重要な段階である。そのためには、図表4-10に示すように、是正処置及び改善内容を評価し、特に是正処置については、不十分な場合は再検討を要求することを手順化したい。改善の機会（観察事項）の場合は、被監査側の判断で実施の可否及び改善内容が決定されるが、改善実施報告だけでなく、改善実施しない場合もその理由については報告をする手順とすることが望ましい。適合性監査から有効性監査に重点を移していくためにも、改善の機会（観察事項）の指摘とそのフォローを重視した内部監査プロセスにステップアップしていく必要がある。

　図表4-11に、内部監査プロセスの有効性を評価するチェックリストを示すので、チェック項目に沿って評価し、その結果を内部監査プロセスの有効性を高めるために活用していただきたい。

〈図表4-10　是正処置・改善実施のフォローの流れ〉

```
                    実地内部監査終了
                    ／           ＼
            是正処置の要請      改善の機会（観察事項）
                ↓                   ↓
            是正処置計画報告    改善実施可否・内容検討
                ↓                 ／        ＼
            計画内容評価      改善実施報告   改善不実施報告
                ↓                 ↓
            是正処置実施報告
                ↓
             有効性評価          有効性評価
                ↓                   ↓
            是正処置完了         改善完了
```

〈図表4-11　内部監査プロセスの有効性評価チェックリスト例〉

評価区分	評価項目	評価
計画準備	・"当社の"内部監査の目的、事業活動における位置づけが明確になっているか？	
	・内部監査員（候補者含む）の力量基準が明確化され、それに応じた養成方法が手順化されているか？	
	・監査リーダー、監査員の力量基準、役割・責任・権限が明確になっているか？	
	・内部監査の重点監査ポイントを明確化し、事前説明会などで監査員に徹底する手順になっているか？	
	・被監査部門の運用状況及び前回監査の状況を事前確認する手順になっているか？	
	・チェックリストは、被監査部門の運用状況及び前回監査の状況を考慮して、監査チームが事前打合せなどを通じて作成する手順になっているか？	
監査実施	・内部監査実施の進め方、留意点などが記述されているか？	
	・チェックリストの具体的使い方（質問、記録）の記述や、場合によってはフレキシブルに質問して、問題を掘り下げるなどの重要ポイントが記述されているか？	
結果報告フォロー	・監査員が判断しやすいように監査所見が「不適合」、「改善提案」、「グッドポイント」のように明確な区分になっているか？	
	・「是正処置要求（改善提案）書」の書き方やその留意点が記述されているか？	
	・被監査側からの「是正処置回答（改善対策）書」を監査チームが評価し、内容によっては被監査側に再検討を求めることができるか？	

4．内部監査員の力量を向上させる

（1）内部監査員の力量向上のために－"改善マインド"をもつ

　組織全体の内部監査をレベルアップするためには、内部監査員の役割認識・力量向上、内部監査プロセスの有効性向上、被監査側の是正処置・改善スキル向上の3つの要素が重要であると前述した。中でも、内部監査員が役割を認識し、力量を向上するためにも、内部監査員自身に"改善マインド"がなければ、改善すべき問題の発見やその解決方法の提案はできない。

　そのためには、図表4-12に示すように、内部監査員が"あるべき姿"を描けるかどうかがポイントとなる。

　「問題」とは、"あるべき姿"と"現実の姿"とのギャップと定義され、問題を解決するためには何をなすべきかが「課題」であると言われている。

〈図表4-12 "あるべき姿"を描く〉

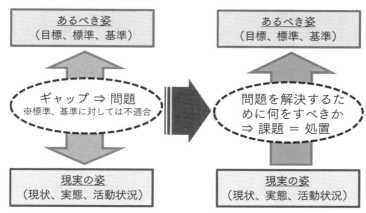

つまり、問題発見のためには"あるべき姿"を描くことが必要であり、問題解決のためには"現実の姿（現状）"をどのように"あるべき姿"に近づけていくか（＝課題）を明らかにできなければならない。内部監査が真に効果的な活動とするためには、一人でも多く"あるべき姿"が描ける内部監査員の養成が求められる。

では、"あるべき姿"はどのようにすれば描けるか、それは前述したように実務経験が非常に重要である。監査員自身が、これまで、どのような業務の工夫・改善を図ってきたか、関係者と協働してどのような問題解決、意思決定をしてきたか、管理者または専門家としてどのような実務経験、専門知識・技術を身につけてきたか、その経験があるからこそ"あるべき姿"が描けるのである。

最後に、問題発見・解決に必要な"改善マインド"を下記に示す。このようなマインドを持った内部監査員を養成していくことが望まれる。

問題意識……"あるべき姿"と"現実の姿"のギャップを客観視しようとする心のもち方
危機意識……このままだと大きな問題になると認識し、対処しようという自覚
当事者意識……被監査側の問題解決を"他人事"と考えず、"自分事"

と認識して対処しようという姿勢
目的意識……"あるべき姿を"ゴールとして、問題解決、課題達成に取り組む姿勢

③ 効果的な教育・訓練のあり方

1．2015年版規格の教育訓練のポイント

（1）"現場力"を高める

1990年代のバブル崩壊以降の日本企業の経営課題として、"現場力の強化"が常に上位に位置付けられている。"現場力の低下"の要因としては、コストダウンや効率性の追求、現場のリストラ、現場作業の子会社化・外注化、コミュニケーション低下、熟練技術者・技能者の退職、などが指摘されている。

それでは、そもそも"現場力"とは何なのだろうか。簡単に言うと、事業（生産・サービス提供）現場における自主的、自律的な問題発見・解決能力ということになる。現場から離れた（知らない）企画・管理部門が問題を発見して解決するのではなく、現場が自ら高い問題意識により現場での問題点を見える化し、自ら改善努力する能力及び活動、現場風土と言えるであろう。決められたことを淡々とこなすだけではなく、常に問題意識を持って仕事のやり方そのものを飛躍的に改善（仕事を革新する）していく現場こそが、企業の競争力の源泉といえる。

（2）2015年版規格の教育・訓練はパフォーマンス重視

2004年版規格から、2015年版における「力量」習得の対象が、下記のように変更された。

> JISQ14001：2004　4.4.2　力量、教育・訓練及び認識
> 組織は、組織によって特定された著しい環境影響の原因となる可能性をもつ作業を組織で実施する又は組織のために実施するすべての人が、適切な教育、訓練又は経験に基づく力量をもつことを確実にすること。組織は、その環境側面及び環境マネジメントシステムに伴う教育訓練のニーズを明確にすること。……………

> JISQ14001:2015 7.2 力量
> 組織は、次の事項を行わなければならない。
> a) 組織の環境パフォーマンスに影響を与える業務、及び順守義務を満たす組織の能力に影響を与える業務を組織の管理下で行う人(又は人々)に必要な力量を決定する。
> b) 適切な教育、訓練又は経験に基づいて、それらの人々が力量を備えていることを確実にする。
> …………

　つまり、主に「著しい環境影響を与えかねない作業を実施する」ための教育・訓練から、環境パフォーマンスの向上や順守義務をより確実に満たすための教育・訓練の必要性も検討することが求められている。「著しい環境影響を与えかねない作業」とは何かを考えればどのような業務であっても業務効率や順法を無視して仕事をすれば環境に対してエネルギーの使用に対して良いはずがない。極論すれば有害か有益かを問わず著しい環境影響に関係しない業務はないだろう。EMSのPDCAに当てはめると、計画(P)したことを確実に実行(D)するための教育・訓練に加え、計画(P)・実行(D)した状況を評価・分析(C)し、環境パフォーマンスの向上や順守義務の履行をより確実なものとし(A)、計画事項(P)の見直しに反映させるために必要な力量を明確にし、その力量を備えるための教育・訓練の検討が必要ということになる。

２．教育・訓練体系を見直す
（１）CAP機能発揮のための教育・訓練の必要性
　現状の環境マネジメントシステム教育・訓練体系はどのようであろうか。"体系"と言えるような形で明確になっていないかもしれないし、環境に影響のある物質の漏洩や法規制に関わる作業の実行(D)のための力量習得のみにとどまっていないだろうか。"現場力の強化"のためには、D機

能発揮のためだけでなく、仕事のやり方を革新するCAP機能発揮のための力量を高めていく必要がある。

また、力量習得の手段はどうであろうか。業務・作業の実行（D）のための教育・訓練の場合は、上司→部下、または先輩→後輩のOJT（On the Job Training：職務を通じた教育・訓練）が中心となっているのではないか。もちろんOJTは、職務遂行に必要な手順や知識・技能・能力が実践的に指導、習得でき、極めて効果的であり、組織にとって重要な経営資源のひとつである固有技術・技能の伝承のためにもなくてはならない教育・訓練の手段である。しかし、指導を受ける側にとって、指導する側の知識・技能・能力を超える教育・訓練成果は望めない。

従って、"現場力"をより高めていくためにも、2015年版に対応した教育・訓練体系の見直しのポイントは、CAP機能発揮のための力量向上策の検討である、その手段として既存OJTに加え、Off-JT（Off the Job Training：職務を離れた教育・訓練）の実施により、図表4-13に示した力量の向上をぜひ検討してもらいたい。

〈図表4-13 "現場力"向上のためにはCAP機能の力量向上が必要〉

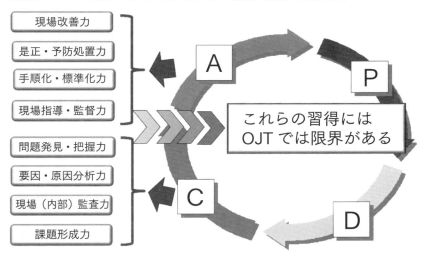

（２）Off-JTの利点は何か

　人事・階層別教育分野や部門別固有能力・知識習得、共通のビジネススキルアップ分野などでは、セミナー、研修受講などのOff-JTが広く活用されている。しかし、品質マネジメントシステムの運用や有効性向上、そして2015年版が重視しているパフォーマンス向上のために、Off-JTがあまり活用されていないのが実態ではないだろうか。

　ここで、改めてOJTとOff-JTの理解のために、図表4-14に、メリット・デメリットをまとめて示す。

　図表4-14のように、OJTには様々なメリットがあるが、最大のデメリットは職務能力（日常業務のための実務能力）習得中心で改革、改善スキル等の指導には限界がある点である。これに対してOff-JTにも、費用がかかる、受講者の意識に左右され必ずしも実務に活かされるとは限らないな

〈図表4-14　OJTとOff-JTのメリット・デメリット〉

	内容	メリット	デメリット
OJT	目的： 職務遂行に必要な知識やスキルの取得 方法： 実際の仕事を通して指導する 指導者： 上司・先輩など	1. 費用がかからない 2. 理解度に応じた細かい教育が可能 3. 実践的な知識やスキルを確実に習得できる 4. 教える側の知識・スキルの向上も図れる 5. 上司・先輩と部下・後輩間のコミュニケーションの向上が図れる	1. 指導者の指導能力に依存する 2. 指導者の知識・スキルを超える成果は望めない 3. 場当たりでなく周到な計画が必要 4. 日常業務が優先され、教育が後回しになる 5. 職務能力（力量）習得中心で改革、改善スキル等の指導には限界がある
Off-JT	目的： 職務能力・専門性をより高めるために必要な知識やスキルの習得 方法： 研修、セミナー参加など 指導者： 専門の講師など	1. 専門講師による専門的な知識の習得が可能 2. 大人数に対する集合教育が可能 3. 日常業務から離れ教育訓練に集中しやすい 4. OJTでは指導が難しい改革、改善スキル等の専門講師による指導が受けられる	1. 費用がかかる 2. 課題に即した教育の選別等の計画が必要 3. 受講者の意識に左右され、知識が必ずしも実務に活かされるとは限らない 4. 習得した知識を確実に実務に活かすには、できる限り実践的な教育であることが重要 ⇒講師派遣研修

どのデメリットはある。しかし、OJTでは指導が難しい改革、改善スキル等について、外部の専門講師からの指導が受けられることが最大のメリットである。それによって、それぞれの組織の中に、従来なかった新たな知識や意識、考え方が導入され、仕事のやり方そのものを変えることで環境パフォーマンスの向上や順守義務の履行の確実化につながる"現場力"が醸成されるのである。

（3）教育・訓練体系を見直す
　2015年版に対応し、環境パフォーマンスの向上や順守義務の履行の確実化のために、以下のような教育・訓練体系の見直しを提案する。
①力量基準及び力量習得手段を見直す
　現状の「力量基準」及び「教育・訓練計画」が、職務能力習得に加え、仕事の革新、業務改善、環境パフォーマンス改善につながる内容が含まれているかを検証する。その上で、職務能力習得に加え環境パフォーマンス改善のために必要な力量の設定とそのための手段（OJTまたはOff-JT）を明確にする。
②OJTの実施方法を見直す
１）OJT指導者の育成
　OJTは、指導者の保有知識・スキルを超える教育・訓練成果は望めない。また、教え方の得手・不得手によってもOJT対象者の習得度にばらつきが発生するため、適任のOJT指導者を選任するとともに、上司・先輩などOJT指導者の指導スキル・ノウハウを高めるための基準・評価方法を確立の上、必要な教育を実施する必要がある。
２）計画的OJTの実施
　OJTを通じた明確な力量習得目標及びその計画がなされていないと、"場当たり的"OJTにとどまり、成果が得られないばかりか、日常業務が優先され教育が後回しになる。計画的なOJTの推進が望まれる。
３）OJT支援ツールの整備
　OJT指導者によって指導レベルのばらつきが起きないように、また指導者の負担軽減のために「指導マニュアル」や「指導用資料」などを整備する。

③CAP機能促進のためのOJTとOff-JTの連携をはかる

　OJTは、引き続き日常業務に必要となる力量習得の有力な手段であるので、前記のようなOJTの実施方法を見直してより効果的なOJTの推進を目指す。その上で、業務効率の改善やパフォーマンスの向上、順守義務の履行の確実化のためのCAP機能向上を図った教育・訓練手段が課題となる。D機能に加え、CAP機能の向上を図り、現場の自主的、自律的問題解決能力（＝現場力）を高めるためにもOff-JTの活用が重要であり、OJTとOff-JTの効果的な連携が望まれる。

❹ 統合マネジメントシステムの構築のポイント

（1）環境と品質の統合マネジメントシステムについて

　QMS規格は、1987年に世の中に出て26年、EMS規格は17年、その後にはISMS（情報セキュリティ）、ITSMS（ITサービス）、FSMS（食品安全）など様々なマネジメントシステムが出てきており、これらのISO規格を運用する企業組織が多くなりつつある。

　しかし、ISOを長年運用し、そのシステムが成熟した組織は、これらの複数のISO規格をそれぞれ単独に運用する非効率な状況を何とかしたいと考え、複数のマネジメントシステムを統合した運用により、効率化を求める声が高まっている。このたびの2015年改訂で採用されたAnnex SLの根幹をなす「共通テキスト」は、そのようなニーズに応えたものである。

　本項では、その「共通テキスト」の基本に則り、EMSとQMSの統合マネジメントシステム構築について、その着眼点やポイントを整理してみる。

（2）「共通テキスト」とISO14001：2015・ISO9001：2015の対比について

　まずは図表4-15をご確認いただきたい。「共通テキスト」とともに2つの規格要求事項を比較したものである。多くの項目が共通していることは、理解いただけると思う。その他に「環境マネジメント」固有の項目、「品質マネジメント」固有の項目も散在している。とくにISO14001では、EMSの根幹をなす"環境側面"関連の要求事項は、ISO9001とは異なっている。同様に、ISO9001では、「品質」を作り込む"製品・サービス実現プロセス"の要求事項は、品質マネジメントシステムの根幹をなすところであり、ISO14001の規格要求事項とは異なっている。

　統合マネジメントシステムを考えるにあたって、まずはこれらの共通点と相違点を整理・理解することからスタートする。

（3）共通テキストに沿ったISO14001、ISO9001の規格比較と統合マネジメントシステム構築へのポイント

〈図表4-15　共通テキストとISO14001、ISO9001比較表〉

Annex SL 共通テキスト	ISO14001：2015	ISO9001：2015
4.組織の状況	4.組織の状況	4 組織の状況
4.1 組織及びその状況の理解	4.1 組織及びその状況の理解	4.1 組織及びその状況の理解
4.2 利害関係者のニーズ及び期待の理解	4.2 利害関係者のニーズ及び期待の理解	4.2 利害関係者のニーズ及び期待の理解
4.3 XXXマネジメントシステムの適用範囲の決定	4.3 環境マネジメントシステムの適用範囲の決定	4.3 品質マネジメントシステムの適用範囲の決定
4.4 XXXマネジメントシステム	4.4 環境マネジメントシステム	4.4 品質マネジメントシステム及びそのプロセス
5.リーダーシップ	5.リーダーシップ	5 リーダーシップ
5.1 リーダーシップ及びコミットメント	5.1 リーダーシップ及びコミットメント	5.1 リーダーシップ及びコミットメント 5.1.1 一般
		5.1.2 顧客重視
5.2 方針	5.2 環境方針	5.2 方針
5.3 組織の役割、責任及び権限	5.3 組織の役割、責任及び権限	5.3 組織の役割、責任及び権限
6.計画	6 計画	6 計画
6.1 リスク及び機会への取組み	6.1 リスク及び機会への取組み 6.1.1 一般	6.1 リスク及び機会への取組み 6.1.1
	6.1.2 環境側面	
	6.1.3 順守義務	
	6.1.4 取組みの計画策定	6.1 リスク及び機会への取り組み 6.1.2
6.2 XXX目的及びそれを達成するための計画策定	6.2 環境目標及びそれを達成するための計画策定 6.2.1 環境目標	6.2 品質目標及びそれを達成するための計画策定 6.2.1
	6.2.2 環境目標を達成するための取組みの計画策定	6.2 品質目標及びそれを達成するための計画策定 6.2.2
		6.3 変更の計画
7. 支援	7 支援	7 支援
7.1 資源	7.1 資源	7.1 資源
		7.1.2 人々
		7.1.3 インフラストラクチャ
		7.1.4 プロセスの運用に関する環境

Annex SL 共通テキスト	ISO14001：2015	ISO9001：2015
		7.1.5 監視及び測定のための資源
		7.1.6 組織の知識
7.2 力量	7.2 力量	7.2 力量
7.3 認識	7.3 認識	7.3 認識
7.4 コミュニケーション	7.4 コミュニケーション 7.4.1 一般 7.4.2 内部コミュニケーション 7.4.3 外部コミュニケーション	7.4 コミュニケーション
7.5 文書化した情報 7.5.1 一般 7.5.2 作成及び更新 7.5.3 文書化した情報の管理	7.5 文書化した情報 7.5.1 一般 7.5.2 作成及び更新 7.5.3 文書化した情報の管理	7.5 文書化した情報 7.5.1 一般 7.5.2 作成及び更新 7.5.3 文書化した情報の管理
8. 運用 8.1 運用の計画及び管理	8. 運用 8.1 運用の計画及び管理	8 運用 8.1 運用の計画及び管理
		8.2 製品及びサービスに関する要求事項 8.2.1 顧客とのコミュニケーション 8.2.2 製品及びサービスに関する要求事項の明確化 8.2.3 製品及びサービスに関する要求事項のレビュー 8.2.4 製品及びサービスに関する要求事項の変更
		8.3 製品及びサービスの設計・開発 8.3.1 一般 8.3.2 設計・開発の計画 8.3.3 設計・開発へのインプット 8.3.4 設計・開発の管理 8.3.5 設計・開発からのアウトプット 8.3.6 設計・開発の変更
		8.4 外部から提供されるプロセス、製品及びサービスの管理 8.4.1 一般 8.4.2 管理の方式及び程度 8.4.3 外部提供者に対する情報

Annex SL 共通テキスト	ISO14001：2015	ISO9001：2015
		8.5 製造及びサービス提供 8.5.1 製造及びサービス提供の管理 8.5.2 識別及びトレーサビリティ 8.5.3 顧客又は外部提供者の所有物 8.5.4 保存 8.5.5 引渡し後の活動 8.5.6 変更の管理
		8.6 製品及びサービスのリリース
		8.7 不適合なアウトプットの管理
	8.2 緊急事態への準備及び対応	
9.パフォーマンス評価 9.1 監視、測定、分析及び評価	9.パフォーマンス評価 9.1 監視、測定、分析及び評価 9.1.1 一般	9 パフォーマンス評価 9.1 監視、測定、分析及び評価 9.1.1 一般
		9.1.2 顧客満足
		9.1.3 分析及び評価
	9.1.2 順守評価	
9.2 内部監査	9.2 内部監査 9.2.1 一般 9.2.2 内部監査プログラム	9.2 内部監査
9.3 マネジメントレビュー	9.3 マネジメントレビュー	9.3 マネジメントレビュー 9.3.1 一般 9.3.2 マネジメントレビューへのインプット 9.3.3 マネジメントレビューからのアウトプット
10.改善	10.改善	10 改善
	10.1 一般	10.1 一般
10.1 不適合及び是正処置	10.2 不適合及び是正処置	10.2 不適合及び是正処置
10.2 継続的改善	10.3 継続的改善	10.3 継続的改善

図表4-15をイメージ図で整理すると、以下のようになる（図表4-16）。要求事項の観点からすると、QMS・EMSの共通する組織マネジメントがあり、さらに各々の固有事項があるという概念である。

〈図表4-16　MSS共通テキストに沿った統合システム〉

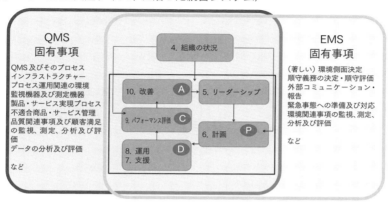

　図表4-16の「固有事項」は、関連付けて統合することも可能である。例えば、"順守事項の決定・順守評価"は、"製品に関連する要求事項の明確化・品質関連事項の監視・測定・分析及び評価"などと関連して管理することにより、効果的に確認することができる。また、"緊急事態への準備及び対応"は、その管理活動を鑑みると"インフラストラクチャ・プロセスの運用に関する環境"と一体感をもって行う方が効率的である。更に、"環境側面"、"リスク"などを設計・開発のインプット等に考慮することにより、相乗効果を発揮できる可能性がある。「固有事項」は組織の「活動」に着目して関連付けることも検討すべきである。

4.1　組織及びその状況の理解

組織は、組織の目的に関連し、かつ、そのXXXマネジメントシステムの意図した成果を達成する組織の能力に影響を与える、外部及び内部の課題を決定しなければならない。

(ISO14001：2015) 4.1 組織及びその状況の理解
(ISO9001：2015) 4.1 組織及びその状況の理解

　今回の改訂の主旨である「組織の事業とマネジメントシステムの"乖離"をなくす」ために、4.1～4.3項が明文化された。
　マネジメントシステムは経営課題の解決の手段であるので、まず初めに内部・外部の"経営課題"を明確にすることを求めている。
　"経営課題"を明確にする場としては、マネジメントレビュー、経営会議、各種委員会、専門団体（業界団体）の調査結果を参考にする場合があるだろう。
　"経営課題"を明確にした成果物としては、中期経営計画、年度経営計画、年度社長方針などが考えられえる。
　また、「組織の目的」とは"企業理念"、"ビジョン"など、その企業が社会に存在する目的とすれば、当然のことながら各マネジメントシステム毎にそれが異なるということではない。
　上記の点から鑑みて、本項に関しては自ずと共通化された内容となる。統合は、組織の実情とそのプロセス運用の実態に即して進めるとよい。

4.2　利害関係者のニーズ及び期待の理解
組織は、次の事項を決定しなければならない。
－XXXマネジメントシステムに関連する利害関係者
－それらの利害関係者の、関連する要求事項

(ISO14001：2015) 4.2 利害関係者のニーズ及び期待の理解
(ISO9001：2015) 4.2 利害関係者のニーズ及び期待の理解

　「利害関係者」とは、「ある決定事項又は活動に影響を与え得るか、その影響を受け得るか又はその影響を受けると認識している、個人又は組織」と定義されている。一般的には、顧客、供給者・協力会社、地域住民、株主、従業員など関係する利害関係者を特定し、その利害関係者の変化するニーズ及び期待を明確にする必要がある。
　規格本文にあるように"○○○マネジメントシステムに関連する利害関

〈図表4-17　QMS・EMSの利害関係者の比較〉

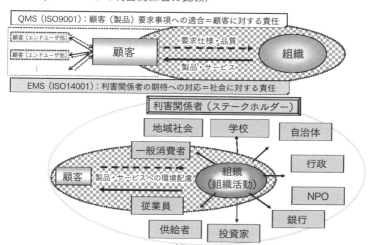

係者"である。図にあるように品質マネジメントシステムならば顧客を軸としたバリューチェーンで考慮する。環境マネジメントシステムならばその所在サイトやCSR的観点などを考慮する。よって、利害関係者の幅には差が確かにある。

　統合マネジメントシステム構築を考える時には、幅の広い方に合わせて"利害関係者"と定義してもよい。しかしながら、その"要求事項の決定"時には、マネジメントシステムの種類によって制約があり得る。よって現実的な内容とするべきであろう。

　当然のことであるが、この特定と決定については4.1項と一緒にトップマネジメントとともに検討すべき項目である。

4.3　XXXマネジメントシステムの適用範囲の決定

　組織は、XXXマネジメントシステムの適用範囲を定めるために、その境界及び適用可能性を決定しなければならない。

　組織はこの適用範囲を決定するとき、次の事項を考慮しなければならない。

－4.1に規定する外部及び内部の課題

> －4.2に規定する要求事項
> 　XXXマネジメントシステムの適用範囲は、文書化した情報として利用可能な状態にしておかなければならない。

　(ISO14001：2015) 4.3 環境マネジメントシステムの適用範囲の決定
　(ISO9001：2015) 4.3 品質マネジメントシステムの適用範囲の決定
　統合マネジメントシステムの場合、その適用範囲は、ほぼ一致していることになるであろう。よって、表現は共通化される。一般的には適用される組織、製品・サービス、プロセスなどが明記される。
　なお、4.1、4.2項のニーズを受けて、適用範囲の変更があることは規格に述べてある通りである。以上のことをマニュアルなどの文書化を確実に行う必要がある。

> **4.4　XXXマネジメントシステム**
> 　組織は、この規格の要求事項に従って、必要なプロセス及びそれらの相互作用を含む、XXXマネジメントシステムを確立し、実施し、維持し、かつ、継続的に改善しなければならない。

　(ISO14001：2015) 4.4 環境マネジメントシステム
　(ISO9001：2015) 4.4 品質マネジメントシステム及びそのプロセス
　本項目は"MSS共通テキスト"に規定された内容は共通であり、統合マネジメントシステム構築の際も、その部分は同じになるであろう。しかしながら、QMSは項目名にある通り、"プロセスおよび関連事項の明確化と管理"の要求事項が追加されている。よって、この部分はISO9001独自の内容が規定されることになる。ただし、EMSもその管理・運用ポイントは、環境側面として当然のことながら組織の業務（プロセス）に落とし込まれるものである。その観点で"環境マネジメントシステムに必要なプロセス"として、共通した形で規定することも可能であろう。

その際に図表4−18を参考にしてほしい。例えば、要素①活動の機能・役割、要素④使用される資源（力量・施設・設備など）、要素⑤管理（日常の監視・チェック）には、環境側面でも該当する内容が出てくる（例：要員の力量（○○業務を行う要員として必要な環境教育の完了／品質教育の完了）など）。同様のことは要素②インプット（例：「環境配慮型原材料の調達」など）、要素③アウトプット（例：「提供製品・サービスそのものの環境側面」）でも言える。むしろ、そのようにプロセス管理を行うことが効率的・現実的であろう。

「組織はプロセスを運用している」との観点で"統合化"を検討する必要がある。

〈図表4-18　プロセスアプローチ〉

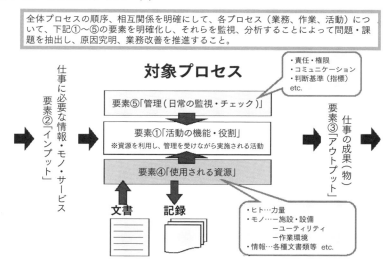

5.1　リーダーシップ及びコミットメント

トップマネジメントは、次に示す事項によって、XXXマネジメントシステムに関するリーダーシップ及びコミットメントを実証しなければならない。

－XXX方針及びXXX目的を確立し、それらが組織の戦略的な方向性

> と両立することを確実にする。
> ー組織の事業プロセスへのXXXマネジメントシステム要求事項の統合を確実にする。
> ーXXXマネジメントシステムに必要な資源が利用可能であることを確実にする。
> ー有効なXXXマネジメント及びXXXマネジメントシステム要求事項への適合の重要性を伝達する。
> ーXXXマネジメントシステムがその意図した成果を達成することを確実にする。
> ーXXXマネジメントシステムの有効性に寄与するよう人々を指揮し、支援する。
> ー継続的な改善を促進する。
> ーその他の関連する管理層が、その責任の領域においてリーダーシップを実証するよう、管理層の役割を支援する。
> 注記：この規格で"事業"という場合、それは、組織の存在の目的の中核となる活動という広義の意味で解釈され得る。

　　（ISO14001：2015）5.1　リーダーシップ及びコミットメント
　　（ISO9001：2015）5.1　リーダーシップ及びコミットメント
　本項はトップマネジメントに関する要求事項である。ISO14001、ISO9001の規格主旨の違いのため、若干の表現の差異は認められるが、統合マネジメントシステムの観点からすれば、当然のことながら一本化される箇所であろう。基本的にトップマネジメントは同一となるケースがほとんどと想定される。一本化には極めてふさわしい項目と言える。
　マニュアルなどの記載は「トップマネジメントのコミットメント」として一体化した表現にして、項目などは共通テキストを活用するとよい。

5.2　方針
　　トップマネジメントは、次の事項を満たすXXX方針を確立しなければならない。

― 組織の目的に対して適切である。
― XXX目的の設定のための枠組みを示す。
― 適用される要求事項を満たすことへのコミットメントを含む。
― XXXマネジメントシステムの継続的改善へのコミットメントを含む。
　XXX方針は、次に示す事項を満たさなければならない。
― 文書化した情報として利用可能である。
― 組織内に伝達する。
― 必要に応じて、利害関係者が入手可能である。

（ISO14001：2015）5.2 環境方針

（ISO9001：2015）5.2 方針

　本項もトップマネジメントに確立を要求している要求事項である。前項同様にISO14001、ISO9001の規格主旨の違いのため、若干の表現の差異は認められる。前半4つの確立要求事項は、各規格でその盛り込むべき内容に違いがある。そのまま個別対応するのもよい。ただ、統合マネジメントシステムの観点から、「マネジメントシステム方針」として、組織自身が持つキーワードを活用する方法もある。その方が組織の要員および関係者に対して、その意図が的確に伝わり、理解も深まる。その際には規格が求める内容への要求をどこで対応しているか、説明できる必要があることに留意したい。

　後半部にある「方針」の取扱要求事項は、各規格とも共通なので、手順としては一本化が可能である。

5.3　組織の役割、責任及び権限

　トップマネジメントは、関連する役割に対して、責任及び権限が割り当てられ、組織内に伝達されることを確実にしなければならない。

　トップマネジメントは、次の事項に対して、責任及び権限を割り当てなければならない。

a）XXXマネジメントシステムが、この規格の要求事項に適合することを確実にする。

> b）XXXマネジメントシステムのパフォーマンスをトップマネジメントに報告する。

（ISO14001：2015）5.3 組織の役割、責任及び権限
（ISO9001：2015）5.3 組織の役割、責任及び権限

　要求事項はISO14001・9001ともほぼ同じ表現となっている。ただし、その規格の主旨が異なることから、詳細レベルを規定する場合は、どうしても若干異なることがあり得る。ただ、法令・規制などが要求する役割、専門技術などを要求される役割などを除いて、マネジメントする役割については、概ね重複した人に割り当てられるケースが多い。その点を鑑みると、可能な限り一本化を図るべきであろう。例えば組織の業務プロセスを軸に整理し、役割・責任・権限をそこで明確にする方法などもある。

　後半部の"管理責任者"的な役割についても、同様のことが言える。

6.1　リスク及び機会への取組み

　XXXマネジメントシステムの計画を策定するとき、組織は、4.1に規定する課題及び4.2に規定する要求事項を考慮し、次の事項のために取り組む必要があるリスク及び機会を決定しなければならない。
－XXXマネジメントシステムが、その意図した成果を達成できるという確信を与える。
－望ましくない影響を防止又は低減する。
－継続的改善を達成する。

　組織は、次の事項を計画しなければならない。
a）上記によって決定したリスク及び機会への取組み。
b）次の事項を行う方法。
－その取組みのXXXマネジメントシステムプロセスへの統合及び実施。
－その取組みの有効性の評価。

(ISO14001：2015) 6.1　リスク及び機会への取組み
　　　　　　　　　6.1.1　一般
　　　　　　　　　6.1.2　環境側面
　　　　　　　　　6.1.3　順守義務
　　　　　　　　　6.1.4　取組みの計画策定
(ISO9001：2015) 6.1　リスク及び機会への取組み
　　　　　　　　　6.1.1
　　　　　　　　　6.1.2

　本項は今回の規格改訂にあたっての主眼となる箇所である。タイトルは同じであるが、要求事項にはISO14001、ISO9001の規格主旨の違いのため、差異が認められる。ISO14001はリスクと機会に加えて、環境マネジメント上の重点管理ポイントである「環境側面」、「順守義務」の抽出・評価・管理が引き続き要求されている。一方、ISO9001では、事業やプロセスに関して、その目的を達成するにあたっての阻害要因となりうる"リスク"や達成促進を果たす"機会"のようなものが主体となっている。それらに対して計画を立てて実施することを求めている。

　また、それぞれについて「対応計画」の策定と進捗管理が要求されている。ISO14001については「環境側面」、「順守義務」に関しても個別にあることに留意しなければならない。

　統合マネジメントシステム構築上での考慮すべきこととして、「事業やプロセスに関して、その目的を達成するにあたっての阻害要因となりうる"リスク"や達成促進を果たす"機会"」は、共通するものとして一本化が可能である（ISO14001 6.1.1項、ISO9001 6.1.1項）。また、「対応計画」のうち前記に対応するものは、ほぼ共通するものとして、一本化が可能である（ISO14001 6.1.4項、ISO9001 6.1.2項）。「会社の事業・業務は１つ」という観点で、重複した管理は避けるべきということを、ここでは特に注意していただきたい。

〈図表4-19 "リスク及び機会"への取組み（例）〉

```
■従来の"実質的"予防処置活動⇒
            "リスク及び機会"への取組みへの位置づけ

・「ヒヤリ・ハット」活動（情報収集及び対策実施）
・KYT（危険予知トレーニング）
・目標化及び進捗管理
・プロセスの標準化（手順、作業標準）とその監視・測定
・教育・訓練（off-JT、OJT）による認識、力量向上
・内部コミュニケーション（委員会、反省会、職場ミーティング）によるPDCA
・改善提案制度
・経営環境の変化への対応（行政、法規制、経済・業界動向、技術的動向）
・是正処置した内容の水平展開
・競合他社や他業種での環境事故等に対する未然防止策
・年度事業計画の策定・月次分析
・内部監査
・マネジメントレビュー
・職場・現場パトロール　等
```

6.2　XXX目的及びそれを達成するための計画策定

　組織は、関連する機能及び階層において、XXX目的を確立しなければならない。

　XXX目的は、次の事項を満たさなければならない。

－XXX方針と整合している。

－（実行可能な場合）測定可能である。

－適用される要求事項を考慮に入れる。

－監視する。

－伝達する。

－必要に応じて、更新する。

　組織は、XXX目的に関する文書化した情報を保持しなければならない。

　組織は、XXX目的をどのように達成するかについて計画するとき、次の事項を決定しなければならない。

－実施事項

－必要な資源

> －責任者
> －達成期限
> －結果の評価方法

(ISO14001：2015) 6.2　環境目標及びそれを達成するための計画策定
　　　　　　　　6.2.1　環境目標
　　　　　　　　6.2.2　環境目標を達成するための計画策定
(ISO9001：2015) 6.2　品質目標及びそれを達成するための計画策定
　　　　　　　　6.2.1
　　　　　　　　6.2.2

　本項はいわゆる"目標展開"に関する要求事項である。要求事項の内容は、ISO14001およびISO9001のそれぞれの規格主旨にあった考慮事項(ISO14001："環境側面"、"順守義務"など/ISO9001："製品・サービスの適合"、"顧客満足"など) の差はあるものの、求められる管理項目はほぼ同一である。統合マネジメントシステム構築の観点からすれば、手順は一本化が可能な箇所である。ぜひ、手順と運用は実態に即した再構築を検討していただきたい。

　なお、従来のISO14001にあった"目的"・"目標"の設定要求は、"目標"の一本化がなされていることに着目すべきである。今までは、2つの設定要求のために統合がしづらかったとの意見も多い。今回の改訂を機に、より有効な目標展開活動につなげていただきたい。

7.1　資源

> 組織は、XXXマネジメントシステムの確立、実施、維持及び継続的改善に必要な資源を決定し、提供しなければならない。

(ISO14001：2015) 7.1　資源
(ISO9001：2015) 7.1　資源
　　　　　　　　7.1.1　一般

7.1.2　人々
7.1.3　インフラストラクチャ
7.1.4　プロセスの運用に関する環境
7.1.5　監視及び測定のための資源
7.1.5.1　一般
7.1.5.2　測定のトレーサビリティ
7.1.6　組織の知識

　マネジメントシステムの確立、実施、維持及び継続的改善に必要な"経営資源"を明らかにし、提供することが求められている。一般的には、人的資源、専門的な技能、技術、インフラストラクチャ、プロセス環境、情報などが該当する。統合マネジメントシステム構築の観点からは、可能な限り共通なものは管理を一本化されるように配慮すべきである。

　ISO9001では"監視・測定機器"の管理について、より詳細に定められている。この点はQMS固有として規定・構築・管理すべきであろう。

　また、「組織の知識」もISO9001固有である。これは、組織が持つ製品・サービス品質に影響する「固有技術」（いわゆる"コア技術"と考えてもよい）の的確な管理が求められている。組織の状況にもよるが、「固有技術」の中に環境関連のものがあれば、管理の共通化を図るべきであろう。統合マネジメントシステム構築の観点からは、各々のマネジメントシステムで必要とされた資源について、共通項はないかを、きめ細かに確認してみる必要がある。

7.2　力量

　組織は、次の事項を行わなければならない。
－組織のXXXパフォーマンスに影響を与える業務をその管理下で行なう人（又は人々）に必要な力量を決定する。
－適切な教育、訓練又は経験に基づいて、それらの人々が力量を備えていることを確実にする。
－該当する場合には、必ず、必要な力量を身に付けるための処置をとり、とった処置の有効性を評価する。

― 力量の証拠として、適切な文書化した情報を保持する。
注記：適用される処置には、例えば、現在雇用している人々に対する、教育訓練の提供、指導の実施、配置転換の実施などがあり、また、力量を備えた人々の雇用、そうした人々との契約締結などもあり得る。

（ISO14001：2015）7.2 力量
（ISO9001：2015）7.2 力量

　本項は、要員に対する①必要な力量の決定、②身に付ける・確保する手段の明確化、③処置の有効性評価とその後の管理に関する要求事項である。規格で要求されている事項はほぼ同じであるため、共通化しやすい箇所である。例えば教育・訓練の実施手順などは、規格改訂前でもほぼ同じであるケースが多かった。これを機に、一本化を検討すべきであろう。

　「決定しなければならない必要な力量」は"組織の環境パフォーマンスに影響を与える業務、及び順守義務を満たす組織の能力に影響を与える業務を組織の管理下で行う人（又は人々）"（ISO14001）と"品質マネジメントシステムのパフォーマンス及び有効性に影響を与える業務をその管理下で行う人（又は人々）"（ISO9001）で一見すると異なるように見える。しかしながら、統合マネジメントシステムの観点からすれば、業務を行うのは"同じ要員"である。よって、決定すべき力量は一体として明確にすることが可能である。よく「要員別力量一覧表」などを見る。品質マネジメントシステム、環境マネジメントシステムに個別表にするのではなく、合同表にして固有のみをマーキングすることも可能である。

　とくにライン系業務に関しては、むしろ"業務（プロセス）"が求める力量として、両マネジメントシステムが求める事項を整理するのも方法である。

　管理としては、要員別に持っている力量は何かを管理する。それをレビューすることによって、教育訓練ニーズなどを把握し、力量管理プロセスのPDCAをまわすことによって、有効性向上を図るべきであろう。

7.3　認識

　組織の管理下で働く人々は、次の事項に関して認識をもたなければ

ならない。
－XXX方針
－XXXパフォーマンスの向上によって得られる便益を含む、XXXマネジメントシステムの有効性に対する自らの貢献
－XXXマネジメントシステム要求事項に適合しないことの意味

(ISO14001：2015) 7.3 認識
(ISO9001：2015) 7.3 認識

本項はいわゆる要員に対する"意識づけ"の管理に関する要求事項である。ISO14001、ISO9001で個別の表現の違いはあるものの、適用する活動内容はほぼ同等である。

統合マネジメントシステム構築の観点から、意識付けさせる対象要員は同じケースが多いことから、その活動手順は一本化が可能である。個別に設定することで、かえって煩雑な管理となって、混乱をきたす場合もあるので、注意すべきである。

7.4 コミュニケーション

組織は、次の事項を含む、XXXマネジメントシステムに関連する内部及び外部のコミュニケーションを実施する必要性を決定しなければならない。
－コミュニケーションの内容
－コミュニケーションの実施時期
－コミュニケーションの対象者
－コミュニケーションの方法

(ISO14001：2015) 7.4 コミュニケーション
　　　　　　　　7.4.1 一般
　　　　　　　　7.4.2 内部コミュニケーション
　　　　　　　　7.4.3 外部コミュニケーション
(ISO9001：2015) 7.4 コミュニケーション

本項は管理すべき"コミュニケーション"の決定と、その管理項目に対する要求事項である。ISO14001とISO9001の項目建てでは違いはあるものの、大きく3種のコミュニケーション①内←→内、②内→外、③外→内の必要なコミュニケーションを明確にして管理することは同じである。

対象となる外部組織が異なるケースで、コミュニケーション手段に若干の違いは出るものの、管理方法などはほぼ同じである。統合マネジメントシステムの観点からは、管理手順などは一本化することが可能である。

コミュニケーションの対象となる要員は、ほぼ同じであるケースが多い。その点で、先ほどの「認識」の項と同様、個別にコミュニケーションルートや手段を設定し、情報の流れが錯綜することによる混乱を時々見る。コミュニケーションは組織の活性化などに極めて有効な方法である。ただ、"コスト"と"時間"がかかるものであることも留意すべきである。コミュニケーション対象要員から、現行の会議体などのコミュニケーションを整理して、重複を排除するなどの効率化により、効果が高まる。統合マネジメントシステム構築を機にぜひ検討してほしいことである。

7.5 文書化した情報
7.5.1 一般
組織のXXXマネジメントシステムは、次の事項を含まなければならない。
- この規格が要求する文書化した情報
- XXXマネジメントシステムの有効性のために必要であると組織が決定した、文書化した情報

注記：XXXマネジメントシステムのための文書化した情報の程度は、次のような理由によって、それぞれの組織で異なる場合がある。
- 組織の規模、並びに活動、プロセス、製品及びサービスの種類
- プロセス及びその相互作用の複雑さ
- 人々の力量

7.5.2 作成及び更新
組織は、文書化した情報を作成及び更新する際、組織は次の事項を

確実にしなければならない。
－適切な識別及び記述（例えば、タイトル、日付、作成者、参照番号）
－適切な形式（例えば、言語、ソフトウエアの版、図表）及び媒体（例えば、紙、電子媒体）
－適切性及び妥当性に関する、適切なレビュー及び承認

7.5.3　文書化した情報の管理

XXXマネジメントシステム及びこの規格で要求されている文書化した情報は、次の事項を確実にするために、管理しなければならない。
－文書化した情報が、必要なときに、必要なところで、入手可能かつ利用に適した状態である。
－文書化した情報が十分に保護されている（例えば、機密性の喪失、不適切な使用及び完全性の喪失からの保護）

文書化した情報の管理に当たって、組織は、該当する場合には、必ず、次の行動に取り組まなければならない。
－配付、アクセス、検索及び利用。
－読みやすさが保たれることを含む、保管及び保存。
－変更の管理（例えば、版の管理）
－保持及び廃棄

XXXマネジメントシステムの計画及び運用のために組織が必要と決定した外部からの文書化した情報は、必要に応じて識別し、管理しなければならない。

注記：アクセスとは、文書化した情報の閲覧だけの許可に関する決定、又は文書化した情報の閲覧及び変更の許可及び権限に関する決定を意味し得る。

(ISO14001：2015) 7.5 文書化した情報
　　　　　　　　7.5.1　一般
　　　　　　　　7.5.2　作成及び更新
　　　　　　　　7.5.3　文書化した情報の管理
(ISO9001：2015) 7.5 文書化した情報

7.5.1　一般
7.5.2　作成及び更新
7.5.3　文書化した情報の管理

　本項はいわゆる"文書化"、"文書の管理"、"記録の管理"の要求事項である。ISO14001・ISO9001で要求される管理内容は、ほぼ差がない。

　従来の改訂前規格でもその内容はほぼ同じということで、管理手順は共通化している組織も多くある。統合マネジメントシステム構築の観点からは、確実に手順の一本化を図るべき項目であろう。

8.運用
8.1　運用の計画及び管理

　組織は、次に示す事項の実施によって、要求事項を満たすため、及び6.1で決定した取組みを実施するために必要なプロセスを計画し、実施し、かつ、管理しなければならない。
－プロセスに関する基準の設定。
－その基準に従った、プロセスの管理の実施。
－プロセスが計画どおりに実施されたという確信をもつために必要な程度の、文書化した情報の保持。

　組織は、計画した変更を管理し、意図しない変更によって生じた結果をレビューし、必要に応じて、有害な影響を軽減する処置をとらなければならない。

　組織は、外部委託したプロセスが管理されていることを確実にしなければならない。

（ISO14001：2015）8.1 運用の計画及び管理
　　　　　　　　　8.2 緊急事態への準備及び対応
（ISO9001：2015）8.1　運用の計画及び管理
　　　　　　　　8.2　製品及びサービスに関する要求事項
　　　　　　　　8.2.1　顧客とのコミュニケーション
　　　　　　　　8.2.2　製品及びサービスに関する要求事項の明確化

8.2.3　製品及びサービスに関する要求事項のレビュー
8.2.4　製品及びサービスに関する要求事項の変更
8.3　製品及びサービスの設計・開発
8.3.1　一般
8.3.2　設計・開発の計画
8.3.3　設計・開発へのインプット
8.3.4　設計・開発の管理
8.3.5　設計・開発からのアウトプット
8.3.6　設計・開発の変更
8.4　外部からの提供されるプロセス、製品及びサービスの管理
8.4.1　一般
8.4.2　管理の方式及び程度
8.4.3　外部提供者に対する情報
8.5　製造及びサービス提供
8.5.1　製造及びサービス提供の管理
8.5.2　識別及びトレーサビリティ
8.5.3　顧客又は外部提供者の所有物
8.5.4　保存
8.5.5　引渡し後の活動
8.5.6　変更の管理
8.6　製品及びサービスのリリース
8.7　不適合なアウトプットの管理

　本項は環境マネジメントシステムで言えば"規定されたマネジメントシステムプロセスの適切な管理"、品質マネジメントシステムで言えば、"製品・サービス実現プロセスの管理"を要求している箇所である。各マネジメントシステムでの違いが出る箇所であり、規定される手順や活動・管理などはいずれも個々に違いが出るものである。統合マネジメントシステム構築の際も、その前提で進めなければならない。

　ただ、"製品・サービス実現プロセス"では、現実的には"環境側面"や"順

守義務"(場合によっては「緊急事態準備・対応」を含む)に適合した管理・手順・資源・実行がなされているケースが多い。まさにプロセス実践レベルで"統合"されている場合は、プロセス別に管理ポイントや基準・手順などを整理することを検討すべきである。

なお昨今では、委託外注先を利用するケースは多いため、その管理はEMS・QMSとも重要となっている。受ける相手(委託先)の組織状況を鑑みて、指示・依頼事項や管理方法なども、統合できるものは一本化して、輻輳する指示による混乱などを避ける工夫が必要であるのは言うまでもない。

---

9. パフォーマンス評価
9.1 監視、測定、分析及び評価
組織は、次の事項を決定しなければならない。
− 監視及び測定が必要な対象。
− 該当する場合には、必ず、妥当な結果を確実にするための、監視、測定、分析及び評価の方法。
− 監視及び測定の実施時期。
− 監視及び測定の結果の、分析及び評価の時期。

組織は、この結果の証拠として、適切な文書化した情報を保持しなければならない。

組織は、XXXパフォーマンス及びXXXマネジメントシステムの有効性を評価しなければならない。

(ISO14001:2015) 9.1 監視、測定、分析及び評価
　　　　　　　　　　9.1.1 一般
　　　　　　　　　　9.1.2 順守評価
(ISO9001:2015) 9.1 監視、測定、分析及び評価
　　　　　　　　　　9.1.1 一般
　　　　　　　　　　9.1.2 顧客満足
　　　　　　　　　　9.1.3 分析及び評価

本項はマネジメントシステム運用、とくにプロセスなどの"Check"項目と言える。ISO14001・ISO9001の規格主旨からして、関心をもつ項目には差異があるため、その前提で統合マネジメントシステム構築を進める必要がある。
　ただ、前項に述べたように"製品・サービス実現プロセス"の運用が実践レベルで統合化されているケースは、監視・測定などの管理は個別ではなく、一本化を図る方が重複や複雑さもなく、効果的であろう。
　また、各々の規格で個別に規定されている"分析及び評価"、"順守評価"などは、当然のことながら品質・環境ともに統合して評価対象とすることにより、統合マネジメントシステムの有効性向上に資することが可能である。

9.2　内部監査

　組織は、XXXマネジメントシステムが次の状況にあるか否かに関する情報を提供するために、あらかじめ定めた間隔で内部監査を実施しなければならない。
a）次の事項に適合している。
　－XXXマネジメントシステムに関して、組織自体が規定した要求事項
　－この規格の要求事項
b）有効に実施され、維持されている。
　組織は、次に示す事項を行わなければならない。
a）頻度、方法、責任、計画要求事項及び報告を含む、監査プログラムの計画、確立、実施及び維持。監査プログラムは、関連するプロセスの重要性及び前回までの監査の結果を考慮に入れなければならない。
b）各監査について、監査基準及び監査範囲を明確にする。
c）監査プロセスの客観性及び公平性を確保するために、監査員を選定し、監査を実施する。
d）監査の結果を関連する管理層に報告することを確実にする。
e）監査プログラムの実施及び監査結果の証拠として、文書化した情

報を保持する。

（ISO14001：2015）9.2 内部監査
　　　　　　　　9.2.1 一般
　　　　　　　　9.2.2 内部監査プログラム
（ISO9001：2015）9.2 内部監査

ISO14001とISO9001の項目建てでは差はあるものの、要求される管理内容はほぼ差がない。

従来の改訂前規格でもその内容はほぼ同じということで、管理手順は共通化している組織も多くある。統合マネジメントシステム構築の観点からは、確実に手順の一本化を図るべき項目であろう。

9.3 マネジメントレビュー

　トップマネジメントは、組織のXXXマネジメントシステムが引き続き、適切、妥当かつ有効であることを確実にするために、あらかじめ定めた間隔で、XXXマネジメントシステムをレビューしなければならない。

　マネジメントレビューは、次の事項を考慮しなければならない。

a）前回までのマネジメントレビューの結果ととった処置の状況
b）XXXマネジメントシステムに関連する外部及び内部の課題の変化
c）次に示す傾向を含めた、XXXパフォーマンスに関する情報
－不適合及び是正処置
－監視及び測定の結果
－監査結果
d）継続的改善の機会

　マネジメントレビューからのアウトプットには、継続的改善の機会及びXXXマネジメントシステムのあらゆる変更の必要性に関する決定を含めなければならない。

　組織は、マネジメントレビューの結果の証拠として、文書化した情報を保持しなければならない。

（ISO14001：2015）9.3 マネジメントレビュー
（ISO9001：2015）9.3 マネジメントレビュー
　　　　　　　　9.3.1　一般
　　　　　　　　9.3.2　マネジメントレビューへのインプット
　　　　　　　　9.3.3　マネジメントレビューからのアウトプット

　ISO9001とISO14001の項目建てや、その主旨の違いによるインプット・アウトプット等では差はあるものの、要求される管理内容はほぼ差がない。

　従来の改訂前規格でもその内容はほぼ同じということで、管理手順は共通化している組織も多くある。統合マネジメントシステム構築の観点からは、確実に手順の一本化を図るべき項目であろう。

10. 改善
10.1　不適合及び是正処置

　組織は、不適合が発生した場合には、組織は、次の事項を行わなければならない。

a）その不適合に対処し、該当する場合には、必ず、次の事項を行う。
－その不適合を管理し、修正するための処置をとる。
－その不適合によって起こった結果に対処する。
b）その不適合の再発又は他のところで発生しないようにするため、次の事項によって、その不適合の原因を除去するための処置をとる必要性を評価する。
－その不適合をレビューする。
－その不適合の原因を明確にする。
－類似の不適合の有無、又はそれが発生する可能性を明確にする。
c）必要な処置を実施する。
d）とった全ての是正処置の有効性をレビューする。
e）必要な場合には、XXXマネジメントシステムの変更を行う。

　是正処置は、検出された不適合のもつ影響に応じたものでなければならない。

> 組織は、次に示す事項の証拠として、文書化した情報を保持しなければならない。
> －不適合の性質及びそれに対してとったあらゆる処置
> －是正処置の結果

（ISO14001：2015） 10.1　一般
　　　　　　　　　 10.2　不適合及び是正処置
（ISO9001：2015） 10.1　一般
　　　　　　　　　 10.2　不適合及び是正処置

本項は"不適合"への対応と"是正処置（発生した不適合の原因を除去する処置）"に対する要求事項である。

ISO14001とISO90001で主旨の違いによる表現の差はあるものの、要求される管理内容はほぼ差がない。

文書・記録管理、内部監査、マネジメントレビューと同様に、従来の改訂前規格でもその内容はほぼ同じということで、管理手順は共通化している組織も多くある。統合マネジメントシステム構築の観点からは、確実に手順の一本化を図るべき項目であろう。

MSS共通テキストにはない要求事項で"10.1 一般"の項目がISO14001、ISO9001ともにある。この項はいわゆる日々の「改善」（例えば現場で気づいて、すぐ実施した改善・工夫など「小さな改善」などと呼ばれることもある）は、積極的に実行することという要求である。その契機となるのは、9.1～9.3までの"Check"結果であることは言うまでもない。

10.2　継続的改善

> 組織は、XXXマネジメントシステムの適切性、妥当性及び有効性を継続的に改善しなければならない。

（ISO14001：2015） 10.3 継続的改善
（ISO9001：2015） 10.3 継続的改善
本項は"継続的改善"に対する要求事項である。

ISO14001とISO90001で表現や要求事項内容には、ほぼ差がない。当然のことながら、共通化が可能である。

(4) 統合マネジメントシステム構築にあたっての考慮ポイント

構築にあたってよく話題になる「マニュアル」と「ステップアップ」について、そのポイントを述べる。

〈1〉統合マニュアルについて

ISO14001、ISO9001とも「環境マニュアル」「品質マニュアル」の制定は、規格要求事項ではない。ただ、"組織のマネジメントシステムの概要を表す文書"として、既に制定・管理されているものを、継続的に保持するケースは多いものと想定される。

統合マネジメントシステム構築の観点から、それらのマニュアルを統合して一本化するか、それとも個別に持ち続けるかを検討するにあたって、図表4-20を参考にするとよい。

マニュアルは組織の資産である。共通テキストの基本理念である"組織のマネジメントは一つ"との視点に立って検討していただきたい。

〈2〉統合マネジメントシステムのステップアップ

第2章にも述べた共通テキストの基本理念からすれば、"統合"という言葉は不要で、「組織のマネジメントシステム」の一言にすればよいのかもしれない。その意味では"統合マネジメントシステム"はステップアップが必要であろう。そのための課題として、下記の事項があげられよう。

①課題抽出から目標設定・管理プロセスの統合
●方針展開プロセスを品質・環境目的展開と一体化
●品質目標及び環境目標を一体化（区分しない）
②リスク及び機会の明確化を通じた、本来業務に即した事業（業務）課題の明確化
●リスク及び機会の明確化＝品質業務課題・環境課題の抽出
●リスク・機会は、いわゆる"本来業務を通じた環境側面"
③共通活動の"統合化"から"融合化"へ

第4章 ISO14001：2015を活用した環境マネジメントシステムの運用

〈図表4-20　MSS共通テキストに沿った「XXXマニュアル」の検討〉

マニュアル作成パターン	メリット	デメリット
パターン1 環境マニュアル 品質マニュアル	①規模の大きな組織で推進事務局が異なる場合のスムーズな規格改訂対応が推進できる ②EMS・QMSの統合化よりも、取り急ぎ2015年版への移行を優先できる	①MSS共通テキストに沿った規格改訂のねらい・意図が反映できない ②MSS共通テキストで考慮された共通活動の統合化による運用効率化が図れない可能性がある
パターン2 環境・品質統合マニュアル	①推進事務局が同じ場合であれば、システム統合化、マニュアル統合化がしやすい ②共通テキストに沿った規格改訂のねらいを発揮できる ③EMS、QMSの効率化、相乗効果が期待できる	①マニュアルのページ数が増える可能性がある ②共通活動の統合化の検討が必要であり、2015年版への移行にも時間・工数がかかる可能性がある
パターン3 環境・品質共通マニュアル ＋個別マニュアル（規定）	①推進事務局が異なる場合でも「パターン2」に比べて作成しやすい ②EMS、QMSの共通活動、固有活動が把握しやすい ③マニュアルのページ数増加を抑制できる ④共通テキストに沿って共通活動を効率化でき、規格改訂対応にも既存文書類を活かした移行がしやすい	①共通マニュアルと個別マニュアル間の記述の重複が発生しやすい ②上記のために、改訂時に完整性に不備が発生する可能性がある ③EMS、QMSの効率化、相乗効果が限定される可能性がある

●マネジメントレビュー、内部監査、教育訓練、文書・記録管理、…etc.
●"これは品質、あれは環境"をなくして事業活動と一体化へ

（5）統合マネジメントシステム構築推進のために
　最後に推進活動の注意ポイントをいくつか述べる。
①推進にあたっては「経営」の視点で臨む。大切なのは経営者のコミットメントと管理責任者の役割である。下記事項を参考にしていただきたい。

■経営者の姿勢、企業としてのISOの位置付け
・ISOを取得しているだけでは企業の価値、信頼は得られない
　（パフォーマンスを高め、利害関係者にアピール）

- ・企業体質の改善につなげるツール
- ・経営者として積極的にこのシステムを、さらに効果的に活用（個別のISOを運用していることに関する問題意識）

■<u>経営者の利害関係者に対するコミットメント</u>
- ・企業体質の改善、ムリ・ムダ・ムラの排除、業務効率の向上
- ・方針・目標の世間に対する約束事の完遂
- ・企業価値の向上、CSR、企業は永遠の組織

■<u>管理責任者の役割</u>
- ・経営者の代理者として、統合マネジメントシステムの継続的改善の責任者
- ・実務者（管理責任者及び事務局）と経営者のコラボレーションの発揮

②統合の要件をよく確認する。マネジメントシステムは組織の大切な資産であることを再認識する。下記事項を参考にしていただきたい。

■マニュアル・規程・基準の統合
- ・環境・品質マニュアルの統合（<u>MSS共通テキストに沿って</u>）
- ・文書管理・記録管理・内部監査・マネジメントレビュー運用基準
- ・その他規程・基準・手順類の順次の改訂（一時に進まない場合）（具体的な仕事はすぐには変わらないことがあるため）

■方針・目的・目標の統合
- ・「仕事は一つ」、部分最適から全体最適の目標設定（経営課題と直結）
- ・文化の再構築、バランス
- ・環境・品質・安全・情報etcの側面に分断して進めることではない

■活動プロセス、運用の統合……PDCAサイクル
- ・各ISOの重複していたPDCAを一つに、活動進捗まとめの効率
- ・バランスの取れた活動・運用、PDCAサイクルのスピードアップ

■内部監査、マネジメントレビューの統合
- ・統合マネジメントシステムの考えを内部監査に、経営者の視点（経

営者の関与がポイント）
・自助努力での改善活動
・監査は独立した組織で、内部監査員の育成
■審査機関との調整
・審査機関とは車の両輪、審査を統合審査ができる審査員で実施
・パフォーマンスを重視

③統合マネジメントシステム構築を通して、何を実現したいのかを再確認する。その際には下記のことを参考にしていただきたい。

■統合システムの目指すもの
　内部・外部の経営課題解決、リスク及び機会への取組みのために、事業プロセスとシステムを一体化し、事業パフォーマンスの継続的改善を推進すること
■内部・外部の課題、リスク及び機会のキーワード
　外部環境変化への迅速な対応、経営の安定化、業務の効率化、業務品質の改善、利益率の向上、生産性向上、製品品質の向上、コスト低減、競争力の強化、納期の短縮、スピードアップ、ムダ・ムラ・ムリ（ダラリ）の削減、スリム化、簡素化、顧客満足度向上、従業員満足度の向上、利害関係者の期待への対応、CSR、法令順守、コンプライアンス、緊急事態・事故防止、環境負荷軽減、自然環境の保全、環境パフォーマンスの向上　etc.

5 ISO14001が求めるリスクの決定と対応

１．リスク及び機会とは

環境リスクの決定と対応を考えるうえで、ここで改めて「リスク」とは何かについてから考察を始めたい。

①Riskは"勇気を持って試みる"こと

「リスク（Risk）」は、イタリア語のrisicare（リジカーレ）に由来し、「勇気を持って試みる」という意味である。これは受動的に脅威を受けるというよりも、自ら能動的に未来を選択するという、ポジティブな意味である。

中世には現在のイタリアのアマルフィ、ピサ、ジェノヴァ、そしてヴェネツィアの４大海洋都市が、海上貿易により莫大な富を生み隆盛と栄華を誇っていた。反面、沈没・座礁や海賊による強奪などのリスクも大きく、貿易に出た船が帰って来られないこともしばしばだった。まさにこんな時代だからこそ"危険を冒してでも海上に飛び出す"という言葉があったのだろう。

余談になるが、後年ロンドンにて、船主たちが集っていたロイズ珈琲店より船舶保険業務が生まれ、近代的な保険の仕組みが始まったというのはあまりにも有名な話である。

現代では「リスク」という用語をどのように使っているだろうか。辞書では「予測できない危険、損害を受ける可能性」（三省堂大辞林、以下同様）とされており、またオックスフォード辞書（Oxford Learner's Dictionaries）でも「RISK」は下記の意味となっている。

①いつか将来、何か悪いことが起こる可能性；危険が起きるか、悪い結果となりうる状況（邦訳は筆者、以下同様）
the possibility of something bad happening at some time in the future; a situation that could be dangerous or have a bad result
②いつか将来、何か問題や危険を引き起こしそうな人やモノ
a person or thing that is likely to cause problems or danger at some time

in the future
基本的には"リスク"とは危険・損害を伴うマイナスの意味で使われているのが実情である。

②金融用語の「リスク」
　資産運用、投資等の金融セクターでは、「リスク」は将来のリターンの不確実性（変動性）のことを指している。つまり、儲ける可能性50％、損する可能性50％の確率で考えるということである。先のオックスフォード辞書にも、「銀行や保険会社が、返済が見込める、貸付したくなる/保険販売したくなる、または滞納しそうなので貸し渋る／販売を渋るような人や事業活動」という意味も記載されている。
a person or business that a bank or an insurance company is willing/unwilling to lend money or sell insurance to because they are likely/unlikely to pay back the money etc
　なお「信用リスク」と言う場合は、債務者の財務状態が悪化することによって、債権の回収ができない状態に陥る危険性のことであり、マイナス用法の一例である。
　リスクは"結果が不確実"であるから、結果（損益）の変動幅が小さければ「リスクが低い」、変動幅が大きければ「リスクが高い」ということができる。敏腕のトレーダーに資金の運用を依頼すれば、優秀な運用実績の可能性が高まり、又は最悪の結果を回避できる可能性がありリスクが低いと言うことになる。

③CSRはリスク及び機会
　CSR（企業の社会的責任）分野では、「リスク及び機会」という言い方が一般的である。「リスク」は企業価値を毀損するマイナス面を、「機会」は企業価値向上やレピュテーション（評判）を高めるプラス面を指しており、「リスク及び機会」で一対の用語として理解されている。例えば、英国の有力NPOであるCDP（旧名称：カーボン・ディスクロジャー・プロジェクト）では、世界の機関投資家を代表して、時価総額の上位主要企業

に対して気候変動に関する情報開示を要請し、その調査結果を毎年報告している。その設問形式は、例えば「貴社の気候変動におけるリスクは？」「貴社の気候変動における機会は？」と言うように、リスク及び機会を対比する構成となっている。

一方、医療や食品安全等では「リスクにはマイナスの意味しかありえない」分野も存在することも理解しておく必要があるだろう。

分野や業界、テーマが異なれば「リスク」の意味のトーンが変わってくるのである。金融では通常の「リスク」はプラス／マイナス両方の意味で使用され、CSRでは「リスク及び機会」が定着しているのである。

④リスクマネジメントの指針（ISO31000）

ISO31000：2009は「Risk management − Principles and guidelines」として2009年11月15日発行。翌年JISQ31000：2010「リスクマネジメント−原則及び指針」としてJIS化された。この規格はリスクの決定及び対応を考えるうえで参考になるガイドである。

この指針の目的は、リスクマネジメントプロセスに関する"原則"と実際的な"指針"を組織に提供することにあり、経営意思決定の支援ツールとして開発された。

全ての組織／リスクに適用できるが、ISO14001のような認証用の規格ではなく、リスクの事前対応に限定した内容となっており、緊急事態対応、事業継続、復旧等の事後対応はカバーしていない。組織が置かれている状況を評価・理解したうえで、リスクマネジメントを有効に機能させる"枠組み"（マネジメントシステム）の構築を重視しており、自社のリスクを正しく知るには、まず自社が置かれた"経営環境における内部／外部課題（含む 利害関係者のニーズと期待）の把握"が先決と規定しており、ISO14001の基本構造と共通している点が多い。まさに今回の改訂により、マネジメントシステム規格のフレームワーク又は主要な要素が"リスクマネジメント"であることが明確になったと言えよう。本稿では度々、このISO31000を参照しながら解説をしていく。

以下にISO31000の目次を示す。

1 適用範囲
2 用語及び定義
3 原則
4 枠組み
  4.1 一般
  4.2 指令及びコミットメント
  4.3 リスクの運用管理のための枠組みの設計（P）
  4.4 リスクマネジメントの実践（D）
  4.5 枠組みのモニタリング及びレビュー（C）
  4.6 枠組みの継続的改善（A）
5 プロセス
  5.1 一般
  5.2 コミュニケーション及び協議
  5.3 組織の状況の確定
  5.4 リスクアセスメント
  5.5 リスク対応
  5.6 モニタリング及びレビュー
  5.7 リスクマネジメントプロセスの記録作成

　目次からではわかりにくいが「4.枠組み」には、リスクマネジメントシステムのPDCA構造が述べられている。"マネジメントシステムの枠組み"と言わないのは、マネジメントシステム規格の開発は、すなわち第三者認証に直結するとの誤解を受けかねず、「新たな認証サービスの登場か？」などと産業界が過度に警戒することを考慮したものだ。企業としては、むしろ規格改訂を機に積極的にリスクマネジメントシステムの参考ガイドとして利用できるものである。

　ISO31000によれば、「リスクマネジメントの枠組み（risk management framework）」の定義は「組織全体にわたって、リスクマネジメントの設計、実践、モニタリング、レビュー、継続的改善の基盤及び組織内の取決めを提供する構成要素の集合体」としており、リスクマネジメントシステムの

ことを指している。

「5. プロセス」にはリスクマネジメントシステムの実践について書かれている。特に「5.3組織の状況の確定」はISO14001：2015の「4. 組織の状況」の規格要求事項の内容に整合している。

〈図表4-21　リスクマネジメントの「枠組み」と「プロセス」〉

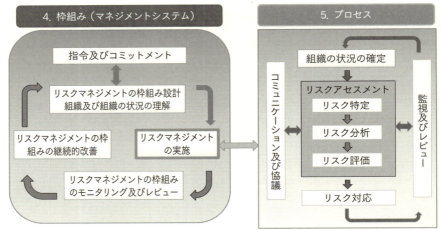

⑤ISO14001「リスク（risk）」の定義

ISO規格の中で「リスク」に、マイナスの影響に加えてプラスの影響の意味を持たせたのは2009年のことである。リスクの概念が変化しておりその用語の定義を変更することが必要となり「ISO/IECGuide73：2002」（リスクマネジメント－用語の定義）の見直しを行った。なお、安全分野では先行してISO/IECGuide51がリスクの定義を定めていた。その結果、紆余曲折があったが「ISOGuide73：2009」が制定され、これを機に「リスク」の定義は次の通り「期待されていることから、好ましい方向及び/又は好ましくない方向にかい（乖）離すること」としてマイナス/プラスの意味を持つと注記が付けられたのである。このことはISO14001：2015のリスクの定義にも影響を与えている。

〈図表4-22　リスクの定義にプラスの影響が加わる〉

ISO/IEC Guide 51（2002年）
・**リスク**（安全分野）
　危害の発生確率と危害のひどさの組合せ

ISO/IEC Guide 73（2002年）
・**リスク**（リスクマネジメント分野）
　事象の発生確率と事象の結果の組合せ

マイナスのみ

マイナス＋プラスに転換

ISO Guide 73（2009年）
・**リスク**
　目的に対する不確かさの影響
　注記1　影響とは、期待されていることから、好ましい方向及び／又は好ましくない方向にかい（乖）離することをいう。

MSS共通テキスト（2013年）
ISO9001（2015年）
・**リスク**
　不確かさの影響
　注記1　影響とは、期待されていることから、好ましい方向又は好ましくない方向にかい（乖）離することをいう。

〈図表4-23　JISQ14001：2015「リスク」の定義〉

「リスク（risk）」の定義
● 不確かさの影響　（DIS：目的に対する不確かさの影響）
　注記1　影響とは，期待されていることから，<u>好ましい方向又は好ましくない方向にかい（乖）離</u>することをいう。
　注記2　不確かさとは，事象，その結果又はその起こりやすさに関する，情報，理解又は知識に，たとえ部分的にでも不備がある状態をいう。
　注記3　リスクは，起こり得る"事象"（JIS Q 0073:2010の3.5.1.3の定義を参照）及び"結果"（JIS Q 0073:2010の3.6.1.3の定義を参照），又はこれらの組合せについて述べることによって，その特徴を示すことが多い。
　注記4　リスクは，ある事象（その周辺状況の変化を含む。）の結果とその発生の"起こりやすさ"（JIS Q 0073:2010の3.6.1.1の定義を参照）との組合せとして表現されることが多い。

「リスクと機会（risks and opportunities）」の定義
　●潜在的で有害な影響（脅威）及び潜在的で有益な影響（機会）。

【リスクを理解するための参考規格とリスクの定義】
　ISO12100：2003　機械類の安全性－基本概念、設計のための一般原則

リスクの定義：危害の発生確率と危害のひどさの組合せ
　　※本規格は、ISO/IEC GUIDE 51の下に階層化された国際安全規格
　　　の最上位に位置する基本安全規格である。

ISO/IEC GUIDE 51：1999　安全面－規格に安全に関する面を導入するためにガイドライン
　　リスクの定義：危害の発生確率と危害のひどさの組合せ

ISO/IEC GUIDE 73：2002　リスクマネジメント－用語集－規格において使用するための指針
　　リスクの定義：事象の発生確率と事象の結果の組合せ

JISQ 2001:2001　リスクマネジメントシステム構築のための指針
　　リスクの定義：事態の確からしさとその結果の組合せ、又は事態の発生確率とその結果の組合せ

　結局ISO14001の「リスク」の定義は、ISOGuide73の定義「目的に対する不確かさの影響」から「目的に対する」が消され、「不確かさの影響」とシンプルになった。
　以下は本定義（図表4-23）の「注記」について、ISO31000を使って解説したい。
　注記1によれば「影響」とは、「期待されていることから、好ましい方向又は好ましくない方向にかい（乖）離することをいう」のであるから、図表4-24のように考えることができる。
　注記2では、「不確かさとは、事象、その結果又はその起こりやすさに関する、情報、理解又は知識に、たとえ部分的にでも不備がある状態」をいうことから図表4-25のように整理できるだろう。
　注記3では、「リスクは、起こり得る"事象"及び"結果"、又はこれらの組合せについて述べることによって、その特徴を示すことが多い」とされている。

〈図表4-24　リスク＝「不確かさの影響」〉

- **リスク＝「不確かさの影響」**
　－注記1　影響とは、期待されていることから、好ましい方向又は好ましくない方向にかい（乖）離することをいう。

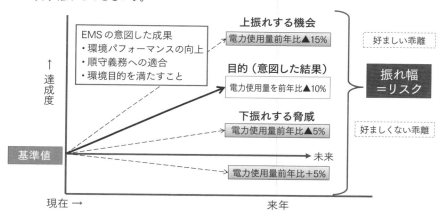

〈図表4-25　将来の不確実性は情報の量に関係している〉

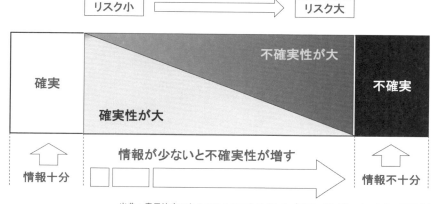

出典：意思決定のためのリスクマネジメント（榎本　徹　著、オーム社　2011年）

　ちなみに「事象」と「結果」はJISQ31000では次のような定義があてられている。

　「事象（event）」とは、「ある一連の周辺状況の出現又は変化」のことである。また以下の注記が付けられている。

①事象は、発生が一度以上であることがあり、幾つかの原因をもつことが

ある。
②事象は、何かが起こらないことを含むことがある。
③事象は、"事態"又は"事故"と呼ばれることがある。
④結果にまで至らない事象は、"ニアミス"、"事態"、"ヒヤリハット"又は"間一髪"と呼ばれることがある。

〈図表4-26　リスク分類と事象の例〉

リスク分類	事象の例
事故・災害関係	台風・洪水・地震、火災・爆発、交通機関の事故 システム障害・通信途絶、エレベータ停止、盗難
法制関係	法改正、法令違反、経営情報の漏洩、プライバシー侵害 データのねつ造・改竄・私文書偽造、PL訴訟
会計関係	不良債権、企業買収、事業縮小、不正取引、脱税 会計データベース破壊・消失
労働関係	社員の不正行為、雇用契約、個人情報漏洩、人権問題、交通事故、内部告発

「結果（consequence）」とは、「目的に影響を与える事象の結末」である。同様に次の注記が付けられている。
①一つの事象が、様々な結果につながることがある。
②結果は、確かなことも不確かなこともあり、目的に対して好ましい影響又は好ましくない影響を与えることもある。
③結果は、定性的にも定量的にも表現されることがある。

〈図表4-27　リスクマネジメント規格（ISO31000）の「リスク」〉

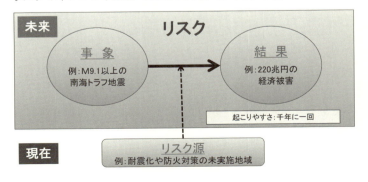

④初期の結果が、連鎖によって、段階的に増大することがある。

　「リスク源（risk source）」とは、「それ自体又はほかとの組合せによって、リスクを生じさせる力を本来潜在的にもっている要素」と定義されている。本来、リスク源は「ハザード（hazard）」と言われていたが、好ましくない影響を連想される用語のためISO31000では「risk source」という用語があてられた。

　注記４では、「リスクは、ある事象（その周辺状況の変化を含む。）の結果とその発生の"起こりやすさ"との組合せとして表現されることが多い」とされている。「起こりやすさ（likelihood）」とは「何かが起こる可能性」のことである。

　「リスクマネジメント用語において、何かが起こる可能性を表すには、その明確化、測定又は決定が客観的か若しくは主観的か、又は定性的か若しくは定量的かを問わず、"起こりやすさ"という言葉を使用する。また、"起こりやすさ"は、一般的な用語を用いて示すか、又は数学的に示す（例えば、発生確率、所定期間内の頻度など）」と注記（JISQ31000 2.19）が付けられている。発生の可能性について、「ほとんどゼロ」、「まれに」、「中程度」、「確定的」等のように一般用語を使って表現することができる。

⑥機会とは

　ISO14001及びISO31000では「機会」単独の定義を提供していない。JISQ14001では「リスク及び機会（risks&oppertunities）」として「潜在的で有害な影響（脅威）及び潜在的で有益な影響（機会）」と定義されている。「機会」の定義が設定されていないために、辞典で確認する。

「Opportunities」

a time when a particular situation makes it possible to do or achieve something.（Oxford Learner's Dictionaries）

「機会」

　「ある行動をするのに最もよいとき、おり、チャンスのこと」（三省堂大辞林）

概ね、「機会」とは時間やタイミングの概念の事とわかる。およそ"プラスのリスク"と言う意味はない。「好機」という日本語がピッタリくるよう思える。

【参考】

ISO14001を担当する国際標準化機構(ISO)のTC207では、当初"機会(プラス)"と対峙する概念は"リスク"ではなく、"脅威(マイナス)"として、「脅威と機会に関連するリスク」という用語をドラフト版では使用していたが、結局MSS共通テキストに合わせて「リスク及び機会」に戻したという経緯がある。

「脅威」の方は次のような意味である。

「Threats」

the possibility of trouble、danger or disaster.（Oxford Learner's Dictionaries）

「脅威」

「脅かすこと。また、脅かされ、脅されることで感じる恐れ」（三省堂大辞林）

〈図表4-28　脅威と機会に関連するリスクの概念〉

■リスク、脅威、機会の関連

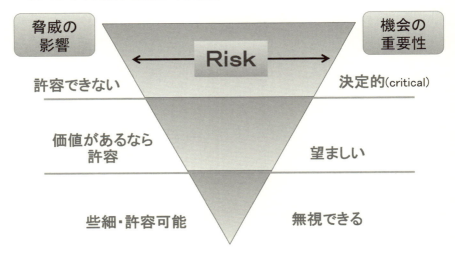

図表4-28はTC207で脅威と機会に関連するリスクの概念を表すために検討したチャートである。TC207では、ISO14001に「リスク」という用語が単独で用いられている箇所が無く、全て「リスク及び機会」というフレーズの用法のみのため要求事項の解釈は「リスク及び機会」の方を用いることを意図している。

　リスクを表現する時に、マイナスは「○○の脅威」、プラスの影響は「○○の機会」と表現すると整理しやすい。

　また、ISO14001で取り組むべきリスク及び機会は「許容できない脅威（マイナス）」であり、「決定的な機会（プラス）」であると捉えるとわかりやすいだろう。

⑦ドラッカーが主張する機会主義

　EMSにおいては、"リスクにはプラスの影響も含む"ことが明らかとなった。そもそも経営は、経営層が機会（プラスの影響、ビジネス チャンス）を追求する行為と言え、同時にその達成を阻む阻害要因である脅威（マイナスの影響）に手を打つことである。とは言え、"脅威と機会に関連するリスク"の定義だけに惑わされることなく、経営視点から"本業に重大な影響を及ぼす脅威と機会"をリスクとして特定すべきである。

　「効率的な企業は、問題中心主義でなく、むしろ機会中心主義である」

　これはドラッカーが言い続けていた大事な考え方である。かつて彼は、講演の中で次のように語っている。

　「誰1人として、リスクを無視するビジネスパーソンはいないし、そんなことができるはずはない。しかし、効率性を中軸に据える企業は、問題の"解決"によって活路を拓いたりしようなどとは考えない。というのは、いくら今直面している問題を巧みに解決したからといって、結局のところ、現状回復ができるにすぎないということを、嫌というほど知っているからである。従って、"問題解決"（Problem solving）の中に経営の真髄があるなどと考えるのは、とんでもない誤りである」。そして真に効率的な企業は、「果たして現実にどんな絶好の機会があり得るのか」、また、「驚異

ピーター・F・ドラッカー（1909～2005年）
元クレアモント大学院大学教授、「マネジメント」を発明したオーストリアの経営学者。

的とも言える、素晴らしいチャンスを提供していることには何があるか」を追求するのである。

　従って、問題解決中心主義者のように、「エコ製品の新市場投入のリスクをどのように防止するか」などを問うことはしない。「この新製品の開発は、どんな機会をもたらしてくれるのか」、「いかなるチャンスを提供してくれるのか」を中心に問い続ける。

　リスクは、真の機会への挑戦であり、言わば前兆でもある。そして、そういう発想をする際に直面する危険は、むしろ変化の兆しである。変化こそ、企業が的確に伸び、立派に自己創造し、万事を好機へと転換するための可能性だとドラッカーは強調している。

> 「リスク及び機会」を理解する上で、類語についても定義を記載しておく。
>
> 危機/Crisis
> 危険な時期。きわめてあぶない状態。
> 既存の社会体制・価値観などが崩壊しようとする、時代の転換期。
> a time of great danger, difficulty or confusion when problems must be solved or important decisions must be made.
>
> 緊急事態/Emergency
> 緊急に処置を加えなければならない重大な事態。
> a sudden serious and dangerous event or situation which needs immediate action to deal with it.
>
> 災害/Disaster
> 地震・台風・洪水・津波・噴火・旱魃（かんばつ）・大火災・感染症の流行などによって引き起こされる不時のわざわい。また、それによる被害。
> an unexpected event, such as a very bad accident, a flood or a fire, that kills a lot of people or causes a lot of damage.

２．リスク及び機会を導く
①上場企業のリスクは有価証券報告書を確認

　次にリスク及び機会をどう明確にするのかが重要である。どんなに素晴らしいリスク対策を計画しても"誤ったリスク"を特定していたのでは有効なマネジメントは行えない。

　上場企業の場合は、自社の直近の「有価証券報告書」に載っている「事業等のリスク」欄に自社のリスクが明記されている。このリスクは法的拘束力があるものだ。投資家に明らかになっているリスクを開示しないような虚偽記載があれば、それは「金融商品取引法」に違反し、10年以下の懲役もしくは1,000万円以下の罰金、法人には7億円以下の罰金が科せられる。少なくとも全社の"公式リスク"がそこにあるのだ。またリスク対策に当たる内容も同報告書には記載されていることがある。

　同様に、環境報告書やCSRレポートを発行する組織においても、リスク及び機会が明記されていないか確認してほしい。

②非財務情報ではマテリアリティを確認

　いまや、環境やCSRなどの企業情報（非財務情報）を財務情報と同等に開示すべきと言うのがグローバル社会の基本的な考え方である。虚偽の報告がなされていれば利害関係者からの信頼を大きく損なうことは間違いない。非財務情報のレポーティングのデファクトスタンダードであるGRIガイドラインでは、企業価値に大きな影響を与える重要課題（又はリスク）を「マテリアリティ」と呼んでいる。このマテリアリティこそが正に特定すべき「内部及び外部の課題」であり、「リスク及び機会」に直結する対象である。

　更に、社内のコンプライアンス委員会や法務部、経営戦略部などで、自社のリスクを検討・特定していないか確認すべきである。

　これらは、規格が求める「リスク及び機会」の特定に大いに助けになるはずである。規格は「組織の状況」などから、リスク及び機会の発見を要求しており、中長期的、全社的、継続的なリスク及び機会を優先的に考えるべきなのである。

③「組織の状況」を理解してからリスクを導く

「リスク及び機会」を明確にするためには、まず「内部/外部の課題」及び「利害関係者のニーズと期待」を確定することが先決である。その上で、「著しい環境側面」や「順守義務」を参考にしながら特定すると手戻りが少ないだろう。JISQ14001：2015では次の手順でリスク及び機会を特定することとなっている。

〈図表4-29　JISQ14001：2015リスク及び機会の特定〉

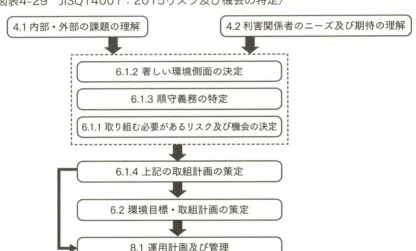

④外部/内部の課題

ISO31000では「組織及び組織の状況の理解」として、「リスクの運用管理のための枠組みの設計及び実践の前に、組織の外部及び内部の状況の双方を評価し、理解することが重要である」という原則が示されている。なぜなら、これらが枠組みの設計に重大な影響を及ぼすことがあるからである。

「組織の状況の確定（establishing the context）」とは、「リスクの運用管理において考慮するのが望ましい外部及び内部の要因（parameter）を規定し、リスクマネジメント方針に従って適用範囲及びリスク基準を設定すること」である。この外部状況とはISO14001の外部の課題と、また内

部状況は内部の課題と同義である。外部課題を発見する手法に「PEST分析」が知られている。PESTとは、政治（Politics）、経済（Economy）、社会（Society）、技術（Technology）の視点から外部環境に潜む、事業への影響を整理しその影響度を評価する手法である。

〈図表4-30　外部課題を発見する手法例〉

● PEST分析は、政治（**P**olitics）、経済（**E**conomy）、社会（**S**ociety）、技術（**T**echnology）の視点から外部環境に潜む、事業への影響を整理しその影響度を評価する手法

視点	観点
Politics	・法規制（規制強化・緩和）、税制 ・裁判制度、判例 ・政治団体の傾向
Economy	・景気、物価 ・成長率 ・金利・為替・株価
Society	・人口動態、世論、流行 ・教育水準、治安、安全保障 ・宗教、言語、自然環境
Technology	・新技術の普及度 ・特許

　外部状況（external context）とは「組織が自らの目的を達成しようとする場合の外部環境」、内部状況（internal context）は、「組織が自らの目的を達成しようとする場合の内部環境」と定義されている。

　図表4-31がISO14001の箇条4の関連を示している。

　外部課題や内部課題は、リスク及び機会を決定する場合の材料になる。しかし、実際に作業を行ってみると、これまで登場してこなかった要素に気付くため、外部/内部課題自身が表現を収斂したり、全社へ範囲を拡大すること等により、取り組むべき「リスク及び機会」へと発展する課題があるのではないかと考えている。

　図表4-32と図表4-33は内部/外部の課題と関連の深いリスクを例示した。これらの事例は自社で課題特定の際に参考にしてほしい。

〈図表4-31　箇条4の構造〉

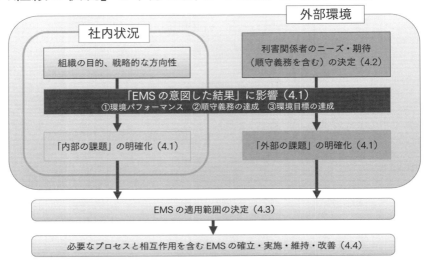

〈図表4-32　主に外部状況起因のリスク〉

大分類	小分類	リスク種別	利害関係者
戦略	ビジネス戦略	新規事業・設備投資	株主、顧客、供給者
		研究開発	（技術部門）、研究機関
		生産技術革新	（生産技術部門）
	市場マーケティング	市場ニーズの変化・不発	顧客、マーケティング会社
		価格戦略の失敗	顧客、（営業部門）
	人事制度	海外従業員の雇用	宗教団体
		従業員の高齢化	（従業員）、人材派遣会社
	政治	法律の制定・制度改革	国、地域
		国際社会の圧力	国、地域
	経済	原料・資材の高騰	市場（株価）、国（紛争）、
	社会	不買運動、消費者運動	顧客、マスコミ
		地域住民とのトラブル	地域住民
ハザード	自然災害	水害、地震	自治体
	事故・故障	火災・爆発	近隣住民、自治体
		設備故障	供給者
		労災事故	（従業員）
		停電・断水	インフラ運営業者

〈図表4-33　主に内部状況起因のリスク〉

大分類	小分類	リスク種別	利害関係者
オペレーション	製品・サービス	製品の瑕疵	顧客、従業員
		事務ミス	顧客、従業員、供給者
		製造物責任	顧客、保険会社、弁護士
		リコール・製品回収	顧客
		機密情報漏洩	顧客
	法務・倫理	知的財産権侵害	競合他者、弁理士
		環境法規制違反	自治体、弁護士
		独禁法、公取法違反	行政、供給者、同業者
	環境	環境規制強化	地方自治体、国
		環境賠償責任・公害	自治体、国、近隣住民
		環境負荷物質流出	自治体、国、近隣住民
		廃棄物処理・リサイクル	自治体、国、近隣住民、廃棄物処理業者
	労務人事	伝染病、インフルエンザ	従業員、顧客、医療機関
		過労死、安全衛生管理不良	従業員、医療機関
	経営者	経営者の死亡・執務不能	顧客、経営層

4.1　外部内部の課題、及び4.2利害関係者のニーズと期待が登場するJISQ14001の規格項番

4.3　環境マネジメントシステムの適用範囲の決定

適用範囲を決定するとき4.1に規定する外部及び内部の課題、4.2に規定する順守義務…を考慮しなければならない。

4.4　環境マネジメントシステム

EMSを確立し維持するとき、4.1及び4.2…で得た知識を考慮しなければならない。

5.2　環境方針

トップマネジメントは…組織の状況に対して適切である環境方針を確立…。

トップマネジメントは…組織の状況に関連するその他の固有なコミットメントを含む、環境保護に対するコミットメントを含む環境方針を確立しなければならない。

> **6.1　リスク及び機会への取組み　6.1.1一般**
> 　EMSの計画を策定するとき，<u>4.1に規定する課題、4.2に規定する要求事項</u>を考慮…。
> 　<u>4.1及び4.2</u>で特定した，その他の課題及び要求事項…に関連するリスク及び機会を決定…。
> **9.3　マネジメントレビュー**
> 　マネジメントレビューは，EMSに関連する<u>外部及び内部の課題、順守義務を含む，利害関係者のニーズ及び期待</u>…の変化を考慮しなければならない。

⑤著しい環境側面からリスクを導く

　多くの会社では「著しい環境側面」の決定時に、リスクと機会の要素を既に織込み済みであると推察できる。2015年版の全貌が明らかになるまでは「著しい環境側面はリスクである」と見なしていた組織も多いと思われる。いずれにせよ「著しい環境側面は環境に関連するリスク及び機会になり得る」から、内部／外部の課題や利害関係者のニーズと期待、及び順守義務からリスク及び機会を発見することになるが、実際は既存の著しい環境側面の中に「リスクと機会」を見出すことは最も合理的でもあると言える。また、既存の「緊急事態」も、マイナスのリスクの一つであることは言うまでもない。従来より著しい環境側面をオフィスの「紙・ごみ・電気」程度しか抽出していなかった組織では全面的な見直しが必要だろう。多くの組織では、次のような可能性があるため「環境側面」の再確認は必須である。

【全社横断のリスクの発見】
これまで、環境側面の特定単位は主に部署単位であるため、粒の細かい環境側面は特定されているが、事業プロセスレベルや全社横断的な「環境側面」は検討されなかった可能性を考慮して全社横断のリスク及び機会を探索すること。

【部署・現場の日常リスクの発見】
これまで、予防処置は是正処置の後に検討されてきたため、部署・現場単

第4章　ISO14001：2015を活用した環境マネジメントシステムの運用

〈図表4-34　リスク及び機会の作り方〉

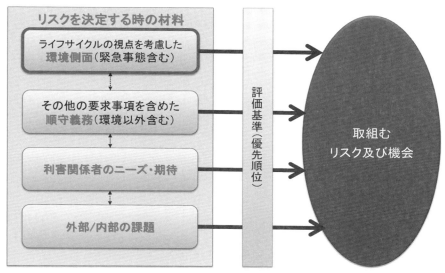

位の「環境側面」には 予防処置（＝"好ましくない影響を 防止、又は低減"）の要素が不足している可能性があるため、リスクベース思考により身近なリスク及び機会を意識すること。

　繰り返すが、著しい環境側面の中には、本来"リスク及び機会"と認識して対応すべき対象を含んでいる。環境側面との一番の違いは、"本業との強い関与"や"トップマネジメントがリスクとしての認識"があるという点である。まずは、既存の著しい環境側面をいま一度見直し、経営視点、全社レベルで"リスク（脅威と機会）"を再確認することが有益である。

⑥順守義務からリスクを導く
　順守義務は，組織に対する有害な影響（脅威）又 は有益な影響（機会）に関連するリスクをもたらす可能性を持つ。例えば、「操業停止リスク」は許可の取消・停止、免許停止の脅威である。「上市禁止リスク」は環境に関する製品規制（例：RoHS指令）における脅威である。
　また、順守義務には「その他の要求事項」（利害関係者のニーズと期待）

の要素が含まれている。法的リスク以外のその他のリスクの例には、重要顧客からの有害物質使用禁止の要請、国際NPOより温室効果ガス情報等の開示の要求などが一例である。

　著しい環境側面発のリスクもさることながら、やはり法律違反は、最もわかりやすい"経営リスク"なのである。よって順守義務からのリスク及び機会も必要である。なお、これらリスク及び機会を特定し、利害関係者の期待を上回る対応をした場合は、レピュテーションを高める機会（プラスのリスク、好機）と言えるだろう。

⑦リスクと機会の決定事例

　結局"リスク"とは、最終的にトップマネジメントが取り組むと決定したものである。

　図表4-35はリスク及び機会を決定する手順の事例を示した。

　図表4-36はPEST分析を参考にしてリスク及び機会を特定した事例である。多くの脅威（マイナス）や機会（プラス）を洗い出して、優先順位をつけ、又はトップマネジメントが決定した対象を厳選することが重要である。

⑧社内では「リスク」の表現を統一

　リスク及び機会は、全社員に認識されているべきである。他部門の環境側面とは異なり、やはりトップマネジメントが関心を持ち、「リスク及び機会」と宣言したものであるので、社内で表現は統一すべきである。同じ脅威や機会を全社員が同じリスク表現で認識することは非常に重要なのである。

　また、リスクの表現は、「結果」で表現されることがある、例えば「河川への重油漏洩のリスク」などである。

　JISQ31000では「リスク特定」を「リスクを発見、認識及び記述するプロセス」と定義しており、注記1に「リスク特定には、リスク源、事象、それらの原因及び起こり得る結果の特定が含まれる」とある。リスクは、ある事象（その周辺状況の変化を含む）の結果と、その発生の起こりやすさとの組み合せとして表現されることが多いのだ。例えば、「首都圏直下

〈図表4-35 リスク及び機会の決定〉

■取り組む「リスク及び機会」の決定基準例

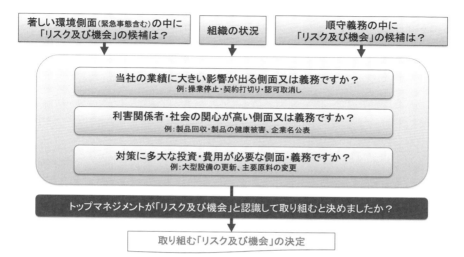

〈図表4-36 リスク及び機会の特定例〉

PESTLEE要因	組織の状況		リスク及び機会	
	内部/外部課題	利害関係者（コミュニケーション）	脅威（マイナス）	機会（プラス）
Political（政治）	・GHG削減目標の公表（省エネ法強化）	環境省、経済産業省	－	
Economical（経済）	・グローバル対応 ・株主の短期志向	グローバル投資家	・CSR中期計画の未達成による株価下落 ・有害物質含有物品の調達リスク	・CSR中期計画の達成による株価安定 ・スコープ3によるGHG排出量把握による好評価
Social（社会）	・GHG等の非財務情報の積極開示 ・児童労働の配慮	国際NPO	・CSR中期計画の未達成の脅威 ・不適切なリスク・コミュニケーションによる脅威	・CSR中期計画の達成による好評価
Technological（技術）	・技術の早い陳腐化	・重要顧客		・ITを使った新しい環境コミュニケーション事業開発
Legal（順守義務）	・環境法令の順守	行政機関	・重大な法律違反による企業ブランド棄損の脅威 ・GHG排出削減義務化による条例強化の脅威	・環境法規制の順守徹底による好評価 ・東京都トップレベル事業所認定による好評価
Environmental①（自然環境）	・地球温暖化の対応・適用 ・資源の持続可能な使用	国際NPO	・極端気象による事業所水没の脅威 ・首都直下型地震によるビル被災の脅威	
Environmental②（著しい環境側面等）	・ISO14001の認証登録 ・環境コミュニケーション	・官公庁、重要得意先 ・協力会社 ・社員	・重油漏洩の脅威（緊急事態） ・製品カタログの優良誤認の脅威	・協力会社（バリューチェーン）の環境管理徹底による得意先への安心感提供の機会

型地震の30年以内の発生確率70%」などが一例である。

　リスクの表現方法に、ソフトウエアプログラムの記述で使われるIF－THEN法と言われる方法がある。「IF（事象の発生）…THEN（結果）」の構文（条件分岐法）で表現するのであり、『もし〇〇が起ったら…その時、□□が起きる』と記述するものである。前述の有価証券報告書の「事業等のリスク」でもこの記載方法が用いられている。例えば、「地球環境保全の観点から、国内において事業活動に伴う環境法規制が年々厳しさを増しているため、環境法規制や関連設備に高い専門性を有する要員の採用を始めています。もし環境規制に違反した場合、監督官庁による処分、操業停止、企業名公表に伴い企業ブランドが著しく棄損され業績・財務状況に重大な影響を及ぼす可能性があります」などが見られる。

(参考)「リスク及び機会」が登場するJISQ14001の項番

6.1　リスク及び機会への取組み　6.1.1一般
　環境側面、順守義務、4.1及び4.2で特定した、その他の課題及び要求事項に関連するリスク及び機会を決定しなければならない。

6.1.4　取組みの計画
　6.1.1で特定したリスク及び機会の取組み及びその有効性の評価方法を計画しなければならない。

6.2.1　環境目標
　リスク及び機会を考慮して…環境目標を確立しなければならない。

9.3　マネジメントレビュー
　マネジメントレビューは、リスク及び機会の変化を考慮しなければならない。

3．リスク及び機会を活用する
　ISO14001の規格改訂対応が進むと、自社の「リスク及び機会」及び「内

部/外部の課題」が決定される。

　リスクには「脅威」(マイナス)、「機会」(プラス)があり、内部/外部の課題からは自社の「強み」と「弱み」が見えてくることだろう。脅威/機会、強み/弱みは、「SWOT分析」を連想させるかもしれない。事実、この手法で環境戦略策定に活かすことが可能である。

　図表4-37のように、4要素をSWOTに当てはめて、戦略を考えるというものだ。SWOTとは強み・弱み・機会・脅威 の4つの頭文字であり、経営資源の最適活用を図るための経営戦略の決定手法の一つである。

　外部課題とは、ビジネス環境における自社製品・サービスの市場競争上の"強み/弱み"と言える。また利害関係者の ニーズや期待とも深く関連していると想定できる。

　内部課題は、競合先との比較における、自社の課題対応力の面における強み/弱みと言える。そこで外部課題に対する自社の弱み(例：経営資源不足)の把握が重要である。

　トップマネジメントが"リスク"と決定した対象においては、リスクマネジメントの基本的対応(回避、低減、移転、保有)を行うこととなる。その際にも、SWOT的な戦略的思考で対応を決定することも可能なので

〈図表4-37　SWOT分析の活用〉
- 企業の外部/内部環境を、強み・弱み・機会・脅威 の4つの組合せから分析し、経営資源の最適活用を図るための経営戦略決定手法。

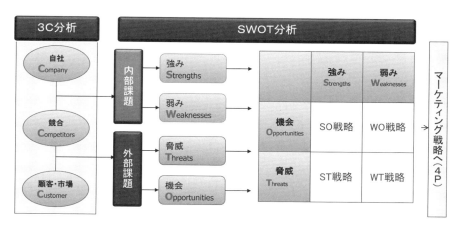

〈図表4-38 SWOT分析から打ち手を検討する〉

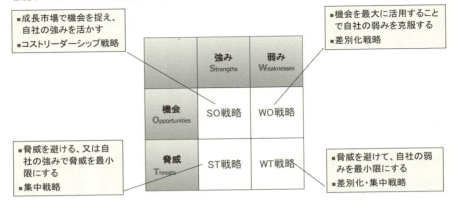

ある。

4．リスク対応の考え方
①リスク対応の選択

リスク対応には、「リスクの対応策を予め検討しておく」ことと、「実際に問題（イベント）が発生した時のために対応策を予め検討しておく」ことが含まれる。

JISQ2001：2001において、リスクへの対応について次の4つの基本的なリスク対応が推奨されている。リスク対策を指示するトップマネジメントがどの対策を選択するかは重要である。

●リスクの低減（最適化）
●リスクの保有（受容）
●リスクの回避
●リスクの移転

> ISO31000のリスク対策に関連する定義
> 残留リスク（residual risk）
>   リスク対応後に残るリスク。注記1　残留リスクには、特定されていないリスクが含まれることがある。注記2　残留リスクは、"保有

リスク"としても知られている。

リスク基準（risk criteria）
　リスクの重大性を評価するための目安とする条件。
注記1　リスク基準は、組織の目的並びに外部状況及び内部状況に基づいたものである。
注記2　リスク基準は、規格、法律、方針及びその他の要求事項から導き出されることがある。

リスクレベル（level of risk）
　結果とその起こりやすさとの組合せとして表される、リスク又は組み合わさったリスクの大きさ。

JISQ2001：2001におけるリスク対応
●リスクの低減（最適化）
　影響度や発生可能性の軽減のための対策を行う。「起こりやすさ」や「結果」又はその両方を低減するという考え方で、通常のリスク対策の基本形である。
●リスクの保有（受容）
　管理策を講じないという対応である。想定したリスク値が受容できる範囲内であったり、または、これ以上リスク値を下げる対策を講じることができない場合、責任者の承認を得た上で、リスクを保有する。

●リスクの回避
　リスクの発生する可能性のある環境からの回避を中心に、保管しているだけで漏洩のリスクをもつ、いわゆる保管のリスクと呼ばれるものを隔離、または廃棄すること。事業であれば、撤退という選択肢も考えられる。

●リスクの移転
　保有するリスクを外部に委託、または保険などによって、委託先や供給

〈図表4-39　リスクの低減1〉

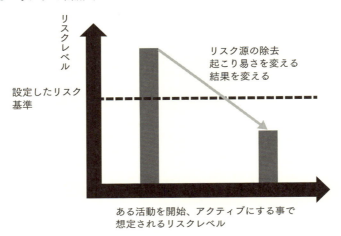

〈図表4-40　リスクの保有〉

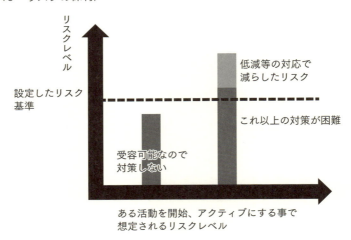

者にリスクを移転すること。保険などが該当する。

②ISO31000（JISQ31000）のリスク対応
　一方、JISQ31000によれば、「リスク対応（risk treatment）」を「リスクを修正するプロセス」のことと定義している。JISQ2000との違いは、リ

〈図表4-41　リスクの回避〉

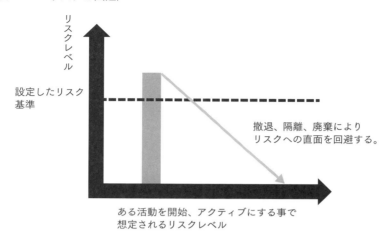

〈図表4-42　リスクの移転〉

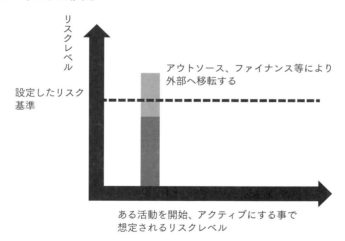

スクにプラスの意味を持たせたため「リスクの低減」がなくなり、「リスク源の除去」、「起こりやすさを変える」、「結果を変える」、「リスクを取る又は増加させる」に分化されていることである。
　具体的には、注記 に新しいリスク対応が記載されている。
（a）リスクを生じさせる活動を、開始又は継続しないと決定することによっ

〈図表4-43 リスクの低減2〉

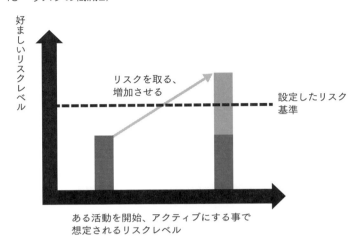

〈図表4-44 リスク対応にはリスクの回避、低減、移転、保有等がある〉

リスク対応		内容
リスク回避		リスクのある状況からの撤退する行動 ・例 事故が起こりやすい製品の販売中止 ・例 カントリーリスクの高い国からの事業撤退
リスク低減	リスク源の除去	リスク源を除去する ・例 老朽ビルから耐震ビルへの移転
	起こりやすさの変更	発生確率(起こりやすさ)を低減又は増加する行動
	結果の変更	結果の影響を低減又は増加する行動
リスク移転(共有・分散)		特定のリスクに関する損失の負担を他社と分担する行動 ・例 アウトソース、損害保険、分散投資
リスク保有(受容)		あらかじめ定めたレベル以下のリスクを受け入れる行動 ・例 リスク対応の資金を留保
		ある機会を追求するためにリスクを取る行動(リスクテイク) ※"増加させる"はプラスの場合 ・例 販路拡大のため反日感情の高い国への進出

　　て、リスクを回避すること。
(b) ある機会を追求するために、リスクを取る又は増加させること。
(c) リスク源を除去すること。
(d) 起こりやすさを変えること。

(e) 結果を変えること。
　好ましくない結果に対処するリスク対応は、"リスク軽減"、"リスク排除"、"リスク予防"及び"リスク低減"と呼ばれることがある。
(f) 一つ以上の他者とリスクを共有すること（契約及びリスクファイナンシングを含む）
(g) リスクを保有すること

③EMSプロセスを通じてのリスク対策
　ISO14001では、取り組むと決めたリスクは、著しい環境側面や順守義務と同様に、下記のEMSプロセスを通じて計画・実施しなければならない。
(1) 6.2環境目標及びそれを達成するための計画策定
(2) 箇条7の支援
(3) 箇条8の運用
(4) 9.1監視、測定、分析及び評価
(5) 他の事業プロセスへの統合、つまり本来業務の中で実施する
【リスク対策の考え方】
6.2環境目標及びそれを達成するための計画策定
・環境目標…取り組むと決めたリスクについて環境目標を設定し、具体的な目標達成の計画を策定する。なお、その取組みの有効性の評価方法も計画段階で、あらかじめ決めておかなければならない。
・環境目標の設定については、著しい環境側面や順守義務は考慮に入れなければならない（take into account）が、取り組むと決めた「リスク及び機会」については考慮（consider）すればよいとなっている。それは「環境目標に設定する」と決定するのはあくまでトップマターであり、ISO規格側が目標化を求める類のものではないためである。

箇条7の支援
・資源…取り組むと決めたリスクについて必要な経営資源（人・モノ・カネ・情報・技術等）を準備すること等。
・力量…取り組むと決めたリスク対応につて力量基準を定めて対応に当た

〈図表4-45　○○年度　リスク・側面・順守義務合同登録表、兼　取組計画表（例）〉

登録区分	登録内容	環境目標設定		有効性の評価	訓練等		コミュニケーション		運用		評価方法	
		目標設定	非設定		力量	認識	内部	外部	運用管理	緊急事態	監視測定	順守評価
リスク及び機会	水害による操業停止の脅威		□	◇						○BCP		
	非財務情報開示の機会	■		指標			○周知	○CDP			○	
	PCB漏洩（緊急事態）		□	◇	○管理者			○報告		○訓練	○	○特措法
著しい環境側面	CO2排出	■		◆指標			○周知	○報告	○		○	○省エネ
	産廃の適正処理		□	◇	○評価者		○周知	○報告	○		○	○廃掃法
	有害物質の削減、切り替え	■		◆指標	○		○周知	○報告	○		○	○PRTR
	環境コミュニケーション強化		□	◇		○研修	○提案	○報告書			○	
	業務効率化	■		◆指標			○周知		○		○	
	サプライチェーンの管理		□	◇			○周知		○		○	
順守義務	環境法規制 ※詳細は別途「登録簿」に記載		□	◇	○評価者	○研修	○周知	○報告	○		○	
	重要顧客からの要請	■		指標			○周知		○		○	
	RoHS指令対応		□	◇	○							
	景表法対応		□	◇		○研修			○		○	景表法

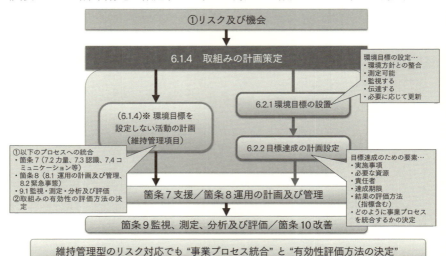

〈図表4-46　環境目標を"設定する"リスク対応と"設定しない"リスク対応〉

ること等。
- 認識…多くの要員がリスクについての認識を持つこと等。
- コミュニケーション…リスクに関連する利害関係者との効果的なコミュニケーション、及び関連する内部コミュニケーションはリスク対策の一つである。特にインターネットの普及などにより社会からのコミュニケーションが時には企業への攻撃となることもあり、リスク対策としてのコミュニケーション対応は重要性を増している。

箇条8の運用
- 運用の計画及び管理…リスク対応プロセスを明確にし、対応する。またサプライチェーンにリスクがある場合も適切なリスク対策を計画・実施すること等。
- 緊急事態への準備及び対応事態…取り組むと決めたリスクが緊急事態である場合は、対応マニュアルを作成、リアリティーのある訓練を実施すること等。

箇条9の監視、測定、分析及び評価
- パフォーマンス評価…取り組むと決めたリスクについて、そのパフォーマンスを監視及び測定し、又は分析・評価を行うことでリスク対応の有効性を確認すること等。なお、有効性の評価方法は計画段階であらかじめ決めておかねばならない。
- 順守評価…取り組むと決めたリスクが順守義務に関連する場合は、適切な順守評価をすること等。

他の事業プロセスへの統合（本来業務）
- わざわざISO的なプロセスでリスク対応するのではなく、既存の事業活動を通して対策を実施すること等。なお、マネジメントレビューでは、他の事業プロセスで対応可能か否かを検討することが要求事項となっている。

④コミュニケーションによるリスク対策
●全ての段階
　ISO31000の「コミュニケーション及び協議」では外部及び内部のステークホルダとのコミュニケーション及び協議は、リスクマネジメントプロセスのすべての段階で実施すること」が推奨されている。「リスクマネジメントプロセス」とは「コミュニケーション、協議及び組織の状況の確定の活動、並びにリスクの特定、分析、評価、対応、モニタリング及びレビューの活動に対する、運用管理方針、手順及び実務の体系的な適用」のことであり、つまりはリスクマネジメントのPDCA全てのことである。「コミュニケーション及び協議（communication and consultation）」とは「リスクの運用管理について、情報の提供、共有又は取得、及びステークホルダとの対話を行うために、組織が継続的に及び繰り返し行うプロセス」のことである。

●早期の計画
　また「コミュニケーション及び協議に関する計画を早い段階で策定すること」が推奨されている。このリスク・コミュニケーション計画にはコミュニケーション手順化とその実施、責任の割当て、コミュニケーション活動の順序、コミュニケーション実施時期を含めること、及びリスクの内容により特定の製品、プロセス及びプロジェクト、全社又は一部に適用することを検討することが望ましい。
　組織として「リスク」についてのコミュニケーションは早い段階で、先読みし、例えば社会問題化する前にリスクの予防として行うことが重要である。リスク対応において後追いは、手数や費用の面でも組織の負担が重くなる傾向にある。

●あらゆる視点からのリスク把握
　利害関係者は、リスクに対する自らの認知に基づいてリスクに関する判断を下す。組織が気付かないリスクや顧客・社会目線のリスクの発見が期待できるため、コミュニケーションが重要なのである。

第4章　ISO14001：2015を活用した環境マネジメントシステムの運用

〈図表4-47　本社管理部門　○○年度　リスク・コミュニケーション計画（例）〉

区分	報告対象	実施責任部署 関連のリスク及び機会	コミュニケーションの内容	実施時期（完了日）	コミュニケーションの手順・方法	順守義務の有無	実施結果
内部	管理責任者	環境部長 環境改善の機会	【社内の改善提案制度】環境への改善提案 一人一件以上の提案	9月末（9/30日）	①ウェブで提案 ②10月発表会 ③翌年2月採用案の発表	×	○ 良好
内部	当該部門	コンプライアンス部長 法令違反の脅威	廃掃法改正情報	2月末（同3月）	説明会実施	×	○ 良好
内部	部門長	監査部（監査責任者）監査による改善の機会	内部監査結果報告会	12月末（12月○日）	説明会実施	×	▲ 一部未実施
外部	東京都	総務部長 産廃の不法投棄の脅威	マニフェスト票交付状況報告	6月末（8月○日）	①マニフェスト票集計 ②管理責任者の承認 ③規定様式でメール報告	○ 廃掃法	× 報告遅れ
外部	経済産業局	総務部長 法令違反の脅威	エネルギー使用の定期報告、中長期報告	7月末（6月○日）	①各拠点から集計 ②管理責任者の承認 ③規定様式にて報告	○ 省エネ	○ 良好
外部	ステークホルダー	CSR部長 レピュテーション（評判）向上の機会	CSRレポート及び社内ホームページ	5月（5月○日）	①各部よりデータ集計 ②CSR委員会の承認 ③印刷媒体、ウエッブ	△ グローバル・コンパクト対応	○ 良好
外部	CDP（旧・カーボンディスクロージャープロジェクト）	広報部長 レピュテーション（評判）向上の機会	スコープ1,2,3のGHG排出量、及び水使用の報告	9月（9月○日）	①関連部からデータ収集 ②管理責任者の承認 ③調査票にて報告	× 任意	○ 良好
外部	○○リサーチ	広報部長 レピュテーション（評判）向上の機会	環境経営度調査の報告	9月（9月○日）	①関連部からデータ収集 ②管理責任者の承認 ③調査票にて報告	× 任意	○ 良好

ISO14001：2015「7.4コミュニケーション」、及びISO31000：2009「コミュニケーション及び協議」を参考に作成

〈図表4-48　リスクコミュニケーション〉

■ 外部コミュニケーションは、先読みして社会問題化する前に対応・発信することでリスクが低減できる

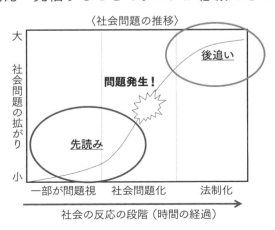

そのため、利害関係者のニーズと期待の決定がリスク・コミュニケーション計画に影響を与えるのである。

リスク・コミュニケーション計画では、「リスクそれ自体、原因、（既知の場合には）リスクの結果、及びリスクに対応するために講じられている対策にかかわる事項を取り扱うこと」が推奨されている。要はネガティブな情報や当該リスク対策も含めてコミュニケーションの対象にすべきなのである。

●相互理解

このように効果的な外部及び内部のコミュニケーション及び協議を実施することが必要なのだが、それは経営層（リスクマネジメントプロセスの実践についてアカウンタビリティをもつ人）と利害関係者が、「意思決定の根拠及び特定の処置が必要な理由を理解すること」が重要であるからだ。

つまり、組織と利害関係者が、取り組むべきリスクと判断した根拠やリスク対策の選択理由等について相互理解することがリスク予防になるということである。

利害関係者の見解は意思決定に著しい影響を与えることがあるため、利害関係者のニーズと期待を決定し、記録し、事業プロセスの中で対応することが基本となる。

ISO14001の認証取得組織には、戦略的に、優先度の高いリスク及び機会をマネジメントし、広く社会からの声に耳を傾け、ステークホルダーから支持され、必要とされ続けるような組織となることが期待されている。

〈参考文献〉

- 「JISQ14001:2015（ISO14001:2015）環境マネジメントシステム-要求事項及び利用の手引」
- 「JISQ19011:2012（ISO19011:2011）マネジメントシステム監査のための指針」
- 「JISQ31000:2010（ISO31000:2009）リスクマネジメント-原則及び指針」
- 「JIS Q 2001:2001 リスクマネジメントシステム構築のための指針」
- 「JIS Q 0073：2010 (ISO Guide 73：2009) リスクマネジメント－用語」
- 「JIS TR Q 0008:2003（ISO/IEC Guide 73:2002）リスクマネジメント － 用語 － 規格における使用のための指針」
- 「JIS Z 8051：2004(ISO/IEC Guide 51：1999) 安全側面－規格への導入指針」
- 「JIS B 9700-1:2004 (ISO 12100-1:2003) 機械類の安全性—設計のための基本概念，一般原則—第 1 部：基本用語，方法論」
- 「2015 年版 ISO マネジメントシステム規格解体新書」（ISO マネジメントシステム規格研究会 [編] 日刊工業新聞社 2015 年 3 月）
- 「効果の上がる ISO14001:2015 実践のポイント」（吉田敬史著 日本規格協会 2015 年 7 月）
- 「意思決定のためのリスクマネジメント」（榎本徹 著 オーム社 2011 年 9 月）
- 「マネジメントシステム規格の整合化動向」（日本規格協会 Web サイト http://www.jsa.or.jp）
- 「ISO Survey 2014」（国際標準化機構 Web サイト http://www.iso.org/iso/iso-survey）
- 「ISO 9001:2015 及び ISO 14001:2015 発行に伴うマネジメントシステム認証及び認定の移行要領」及び「IAF 参考文書 ISO 14001:2015 への移行計画の指針」参考訳の公表（日本適合性認定協会 Web サイト http://www.jab.or.jp/news/2015/030300.html）
- 「平成 27 年版環境白書」（環境省 Web サイト http://www.env.go.jp/policy/hakusyo/ ）
- 「オックスフォード現代英英辞典」(オックスフォード大学出版局）
- 「大辞林」（松村明 編 三省堂）

＜執筆者一覧＞

- ＜執筆＞安井亮一　　センター長
- ＜執筆＞伊藤新二　　副センター長
- ＜執筆＞林　充夫　　システム審査部 EMS技術部長
- ＜執筆＞武樋憲明　　システム審査部 担当部長
- ＜執筆＞笹森幹雄　　システム審査部 担当部長
- ＜執筆＞中川　優　　ISO研修事業部 担当部長
- ＜執筆＞宮澤　武　　ISO研修事業部 担当部長
- ＜執筆＞郡　要二　　CS・マーケティング部 CS・マーケティンググループ 部長
- ＜執筆＞米倉義孝　　CS・マーケティング部 計画グループ 部長
- ＜協力＞藤原登紀生　品質管理部　リーダー
- ＜協力＞清宮　修　　認証管理部　マネジャー

- ＜監修＞武中和昭　一般社団法人日本能率協会　理事・事務局長
- ・一般社団法人日本能率協会（略称：JMAQA）
- ・認証に関するお問い合わせ先　TEL03-3434-1446

〈一般社団法人日本能率協会審査登録センターの紹介〉

1994年設立のマネジメントシステム認証機関。
特定の業界の利害に偏らない公益的な経営専門団体として、日本能率協会（1942年創立）が培ったマネジメント思想・技術を背景に、「真に経営に役立つマネジメントシステム」の構築・維持を支援している。

**審査員が秘訣を教える！
"改訂ISO14001（環境マネジメントシステム）"
対応・導入マニュアル**

NDC 519.1

2015年12月30日　初版第1刷発行
2017年9月29日　初版第6刷発行

（定価はカバーに表示されております。）

© 編著者　　一般社団法人 日本能率協会 審査登録センター
発行者　　井　水　治　博
発行所　　日刊工業新聞社
〒103-8548　東京都中央区日本橋小網町14-1
電　話　書籍編集部　東京　03-5644-7490
　　　　販売・管理部　東京　03-5644-7410
FAX　　　　　　　　　　03-5644-7400
振替口座　00190-2-186076
URL　http://pub.nikkan.co.jp/
e-mail　info@media.nikkan.co.jp

印刷・製本　㈱ティーケー出版印刷

落丁・乱丁本はお取替えいたします。　　2015　Printed in Japan
ISBN 978-4-526-07494-3

本書の無断複写は、著作権法上での例外を除き、禁じられています。